中国乳品贸易预测研究

郭 婷 著

中国财经出版传媒集团

经济科学出版社
Economic Science Press

图书在版编目（CIP）数据

中国乳品贸易预测研究/郭婷著 . —北京：
经济科学出版社，2017.3
ISBN 978 – 7 – 5141 – 5485 – 6

Ⅰ.①中…　Ⅱ.①郭…　Ⅲ.①乳品 – 对外贸易 – 市场
预测 – 中国　Ⅳ.①F752.658.2

中国版本图书馆 CIP 数据核字（2015）第 031524 号

责任编辑：刘　莎
责任校对：杨晓莹
责任印制：邱　天

中国乳品贸易预测研究

郭　婷　著

经济科学出版社出版、发行　新华书店经销

社址：北京市海淀区阜成路甲 28 号　邮编：100142

总编部电话：010 – 88191217　发行部电话：010 – 88191522

网址：www. esp. com. cn

电子邮件：esp@ esp. com. cn

天猫网店：经济科学出版社旗舰店

网址：http://jjkxcbs. tmall. com

北京密兴印刷有限公司印装

710 × 1000　16 开　13.5 印张　200000 字

2017 年 3 月第 1 版　2017 年 3 月第 1 次印刷

ISBN 978 – 7 – 5141 – 5485 – 6　定价：49.00 元

本书出版获得内蒙古自治区自然科学基金博士项目"中澳自贸区建立对内蒙古乳业影响的对策研究——基于 GTAP 模型的模拟分析"（项目批准号：2014BS0708）、内蒙古自治区自然科学基金面上项目"我区乳业核心企业产品安全供给动机、手段与绩效评价研究"（项目批号：2014MS0706）、内蒙古自治区哲学社会科学规划项目"基于供应链视角的我区乳品企业产品安全供给行为研究"（项目批号：2014C097）、内蒙古自治区高等学校创新团队发展计划项目"内蒙古资源型产业的工业技术经济分析和管理优化研究"（NMGIRT1404）、内蒙古畜牧业经济研究基地及内蒙古农村牧区发展研究所的资助。

序

近十年来，建设自由贸易区日益成为我国国家层面的重要战略。目前中国在建自贸区有20个，涉及合作贸易国家及地区32个。其中，已签署自贸协定的有14个，正在谈判的自由贸易区有7个，正在研究的自由贸易区有4个。党的十八大明确提出要加快实施自由贸易区战略，十八届三中全会提出要加快实施自由贸易区战略、形成面向全球的高标准自由贸易区网络的具体措施。2014年中国加快实施区域经济一体化战略，设立了中国第一个国际意义上的自由贸易区——上海自由贸易区，中国—瑞士自由贸易协定及中国—冰岛自由贸易协定同时生效，还先后完成中韩和中澳自贸区的实质性谈判。"自贸区"建设方兴未艾。

中国和澳大利亚自由贸易区谈判自2005年3月开始，经过近十载努力，到2014年11月双方完成自贸协定谈判，期间历经二十一轮谈判。随之协定的签署，中澳关系也由双边贸易伙伴关系提升至中澳全面战略合作伙伴关系。乳制品作为一种特殊的农产品，虽然目前中澳双方的贸易量并不大，但其潜力巨大，值得重视。郭婷博士关注到了此一问题。她通过运用市场份额模型、引力模型以及全球贸易分析模型，分析了中国乳制品进口贸易的规模和结构，剖析了影响中国乳制品进口贸易的主要因素，预测了中澳自贸区建立后，中国与新西兰、澳大利亚、美国和欧盟乳制品贸易的发展趋势和具体的贸易数额。

研究的基本结论是，2015年中澳自贸区建立后，在生产方面，中国原料奶和乳品的产量均有所下降。在市场结构方面，目前中澳乳品贸易基数小，新西兰和美国仍然是中国最主要的乳品来源国，但是中澳乳品贸易未来发展潜力巨大。自贸区建立之后，中国从澳大利亚乳品进口将快速增长，中国与澳大利亚乳品贸易额将会进一步扩大。自贸区建立后，中国生鲜乳生产价格和澳大利亚之间巨大的价格差距将导致未来规模化牧场的生存和发展面临严峻挑战，因此中国政府应当在可能的条件下，适时适度调整乳品进口关税，并合理利用"黄箱"政策、充分利用"绿箱"政策，保护和支持国内乳业生产。本书研究过程中有很多假设，结果可能还不够准确，结论也需要进一步验证和完善，如 GTAP 架构是一个一般性的分析框架，而乳业市场又是一个行业性市场，本书着重对乳制品进口贸易展开了研究，但是自贸区建立对乳业市场的效应分析、产品内贸易效应、供应链的影响等方面内容尚未体现出来，还需要在今后的研究中来完善。虽然如此，但本书丰富了我国乳业发展和贸易的研究，也有利于相关政策的完善。

在全球化日益发展的背景下，中国乳品市场已经成为全球市场的重要组成部分。中澳自贸区建立后，中国乳业面临的行业竞争将更加激烈，市场环境更加严峻，需要同仁对此作出更多更深入的研究。希望本书的出版能对此有所助益。

本书出版还得到了内蒙古工业大学管理学院的支持，内蒙古工业大学管理学院的院训是"无间改进，止于至善"。因此，请读者多提宝贵意见，以便我们不断改进和完善。

内蒙古农业大学经济与管理学院院长　乔光华教授

2017 年 3 月

前　言

　　党的十七大把自由贸易区建设上升为国家战略，党的十八大提出要加快实施自由贸易区战略。党的十八届三中全会提出要以周边为基础加快实施自由贸易区战略，形成面向全球的高标准自由贸易区网络。由此可见，加快实施自由贸易区战略，已经成为我国新一轮对外开放的重要内容。经过二十一轮谈判，中国和澳大利亚于2015年6月17日签署了双边自由贸易协定。2017年3月，李克强总理访问澳大利亚和新西兰对推进中澳、中新全面战略伙伴关系进一步发展以及更好实施双边自贸协定具有重要意义。新西兰和澳大利亚农牧业优势明显，随着中新自贸协定升级谈判以及中澳自贸协定正式生效，乳制品作为一种特殊的农产品，贸易潜力巨大。在乳制品对外贸易逐渐完全开放、自由的条件下，中国特别是奶业主产区将受到重要影响，产业链不断加速整合，中国乳业格局将改变。

　　随着亚洲消费者收入不断增长且饮食变得更加西化，尤其是中国市场乳制品的消费增长具有巨大潜力。2001年入世以来，在消费需求的强劲推动下，中国乳业获得了稳定而快速的发展，中国乳制品进口也快速增长。澳大利亚拥有独特的地理位置、低成本的奶牛业、严格的质量安全控制体系、持续创新的乳制品加工企业，乳制品在全球市场有很强的竞争力。由于中国与澳大利亚在原料奶的生产成本上存在巨大差异，中澳自贸区建立后，中国从澳大利亚进口乳制品关税将逐步降低，从澳大利亚进口乳制品数量会快速增加，对中国奶牛养殖业、加工业带来巨大冲击。中澳自贸区建立对中国乳业生产、贸易到底会产生什么影响，这种影响究竟有多大，也就成为一个值得研究的重要课题。

本书以中国乳制品的供给和需求为出发点，在全面了解中国乳制品市场贸易形势以及中澳乳制品贸易特点的基础上，先后利用市场份额模型、引力模型以及全球贸易分析模型，研究了中国乳制品进口贸易的规模和结构，以及中澳自贸区建立会给中国乳业发展带来的影响。

全书的主要研究发现：

（1）中国奶牛养殖业生产规模不断扩大，饲草料价格上涨，生鲜乳价格受国际市场影响持续低迷，规模化牧场生产成本高。近三年液态奶进口量快速上涨，奶酪、黄油、全脂奶粉等价值型产品进口量明显增加。三四线城市和农村地区乳品消费需求旺盛。中国乳品进口依存度和市场集中度明显提高，来自澳新进口量差距继续扩大。随着乳品关税递减，来自澳新乳制品进口的影响不可小觑。

（2）2015 年中澳自贸区建立之后，中国乳品生产和进口贸易将会受到影响。在生产方面，中国原料奶和乳品的产量均有所下降，原奶生产价格将小幅上涨；在数量方面，中国从澳大利亚进口乳品数量将明显增加（76.88%），同时减少了从新西兰（5.61%）、美国及欧盟的乳品进口量，但是下降幅度不大；在价格方面，中国从澳大利亚、新西兰、美国及欧盟的乳品进口价格均下降，其中从澳大利亚进口价格降幅最大；在市场结构方面，由于目前中澳乳品贸易基数小，新西兰和美国仍然是中国最主要的乳品来源国，但是中澳乳品贸易未来发展潜力巨大。

（3）通过引力模型计算得知，中国和贸易伙伴国的国内生产总值、乳制品进口关税等变量对中国乳品进口贸易量具有显著地影响，而与两地首都间的距离不存在明显负相关关系。GTAP 模型模拟结果表明，2015 年中澳自贸区建立，中国从澳大利亚乳品进口将迅速增长，而出口增速缓慢，中国与澳大利亚乳品贸易的逆差压力将会进一步扩大。中国从澳大利亚进口乳制品价格将下降 11.36%，即每吨 3 727.75 美元，相比于从新西兰进口乳品价格（4 474 美元/吨），澳大利亚对中国乳制品出口上更具有竞争力。

（4）2015 年中澳自贸区建立后，中国生鲜乳的生产价格将达到 692.71 美元/吨（约合 4.37 元/千克①），而澳大利亚生鲜乳的生产价格将为每吨 434.09 美元（约合 2.74 元/千克②），巨大的价格差距将使中国规模化奶牛场的生存和发展面临严峻挑战，因此必须谨慎对待乳品进口关税的调整。政府应当加大对中国乳业生产可持续发展保护和支持的力度。目前中国乳企对澳大利亚大型牧场的收购面临各种不确定的变数，应充分利用中新、中澳自贸协定的有利条款，以直接投资或合资的形式加大对外投资，争取更深更广地参与到新西兰、澳大利亚等乳制品来源国的生产及出口环节。

作 者

2017 年 3 月

---

①② 人民币对美元的汇率采用 2012 年人民币对美元的平均汇率 6.3125，数据来源于 http：//www. sjgdp. cn/show. php？ id＝264&page＝1。

目　　录

第一篇　乳品贸易概念与理论

第三篇　乳品贸易潜力及预测研究

第 一 篇

乳品贸易概念与理论

第 *1* 章

背景与方法

1.1
研究背景与意义

1.1.1 研究的背景

当前全球化贸易一体化发展十分迅速。20 世纪 90 年代以来，自由贸易协定的数量不断增多，WTO 成立之后这一变化更是呈直线上升趋势，截至 2017 年 4 月 7 日，全球向 WTO 通报并生效的自由贸易协定（FTA）数量共计 256 项。多边贸易体制和区域贸易安排已成为驱动经济全球化向前发展的两个轮子。目前全球贸易体系正经历自 1994 年乌拉圭回合谈判以来最大的一轮重构。中国是经济全球化的积极参与者和坚定支持者，也是重要建设者和主要受益者。截至 2017 年 4 月，中国已与 31 个自贸伙伴签署并实施建设了 14 个自贸区，继 2008 年中国 - 新西兰自由贸易协定签署之后，2015 年 6 月中国与澳大利亚也签署了双边自由贸易协定。9 年来，中新双边贸易额年均增长 13% 以上，2016 年同比增长 3.4%。中澳自贸协定生效以来，中澳双边货物贸易结构不断优化，两国优势产品出口均实现较快增长。2017年3月，时隔11年后中国国务院总理再次访问澳大利亚和新西兰，对推动中澳、中新全面战略伙伴关系进一步发展以及更好实施双边自贸协定具有重要意义。

随着亚洲消费者收入不断增长且饮食变得更加西化，亚洲市场乳制品的消费增长具有相当大的潜力。在过去的十几年中，中国乳业每年平均保持着近10%以上的增长速度，已经发展成为中国的重要产业。虽然各方数据均表明中国奶业基本走出了2008年"三聚氰胺"奶粉事件的影响，但是由于生产成本居高不下、外资持续扩张以及消费者对国产乳制品信心不足，2016年中国奶业在2015年奶业危机的影响下艰难前行。2016年10月1日开始实施的《婴幼儿配方乳粉产品配方注册管理办法》提速了乳粉行业的供给侧改革，也限制了一部分不达标准的奶粉进口。2017年1月，中国农业部、国家发改委等部门联合印发了《全国奶业发展规划（2016～2020年)》，且全国两会上农业部部长韩长赋表示将奶业作为实现供给侧改革的重要组成部分，采取一系列措施振兴中国奶业。"十三五"期间，中国奶业发展的重点是坚持以适度规模化发展、种养相结合，提升奶牛单产水平与原料奶的质量安全水平。

2016年，中国乳制品进口量达到195.56万吨，同比上涨21.4%，是当年出口量的63倍多，乳品贸易逆差扩大速度加快。在乳品出口方面，2016年中国乳品出口量3.09万吨，同比减少7.2%，但出口额有所增加，同比增加6.7%。目前中国乳制品进口来源地主要集中在新西兰、澳大利亚、美国和欧盟。由于2016年亚洲尤其是中国乳制品消费市场需求增长放缓，以及俄罗斯对西方国家乳制品进口实施禁令，加之欧盟牛奶配额的终止，导致2016年来自这四个国家或地区的乳制品进口量约占中国乳制品进口总量的92%，同比下降近3%。2017年，中国消费者对国产牛奶的需求预计将保持不变，而对进口乳制品的消费需求预计将保持强劲态势。

新西兰和澳大利亚农牧业优势明显，随着中新自贸协定升级谈判以及中澳自贸协定正式生效，乳制品作为一种特殊的农产品，贸易潜力巨大。由于新西兰与澳大利亚都地处大洋洲且乳制品同质性较强，形成对中国乳制品出口的竞争关系。2016 年起，新西兰取消所有自华进口商品的关税，且 2017 年原料奶粉关税下降至 1.7%，中国原料奶粉 85% 从新西兰进口。同时根据中澳自贸协定，中国将在 4~11 年取消澳大利亚乳制品行业关税，15% 的婴儿配方奶粉关税将在 4 年内取消。在乳制品对外贸易逐渐完全开放、自由的条件下，中国特别是奶业主产区将受到重要影响，中国乳业格局将改变。中国未来可能会加大奶酪、黄油和更多保持期长的牛奶的进口，并且随着可延长冷藏牛奶货架时间的新技术出现，中国还可能进口更多数量的"新鲜牛奶"，中国进口全脂奶粉的需求预计会下降。因此，乳制品出口国未来需要根据消费需求适当调整本国乳业结构。①

1.1.2　研究意义

全球乳品市场自 20 世纪 90 年代以来，处于一个平稳发展的时期。2015 年年初全球出现乳制品经济危机，牛奶收购价格普遍下降，2015 年全球乳业增长率约为 2%，同比下降 0.4%。根本原因在于世界范围内乳制品的供给关系出现了严重失衡，供过于求。中国和澳大利亚都是乳制品的生产大国和贸易大国，中国乳产量居世界第三位，乳制品进口量居世界首位。中国为乳制品的净进口国，澳大利亚则为乳制品的净出口国，双方在乳制品贸易方面具有很强的互补性，因此中澳自由贸易区建立必然会对中国乳制品贸易产生巨大影响。

截至 2016 年 12 月 31 日，伊利、蒙牛和光明乳业销售收入合计占乳品企业总销售收入比例高达 38.33%，呈三足鼎立之势，乳业寡头垄断格局凸

---

① 注：详见 http://finance. jrj. com. cn/focus/APEC2014/.

显。随着三大乳品企业销售额在乳品整体市场中占比的变化，其产业链整合也在不断推进中。在此背景下，研究中国和澳大利亚乳制品的贸易特征，中国与新西兰、澳大利亚、美国和欧盟乳制品贸易的发展趋势，以及影响中国乳制品进口贸易的主要因素，深入研究中澳自贸区建立对两国乳制品生产、贸易的影响具有理论意义和现实意义。

1.2
研究内容与研究方法

1.2.1 研究内容

本书研究的核心内容主要有以下三个方面：

（1）从生产和消费两个方面分析中国乳制品供给和需求的不协调，在此基础上，从特征、价格、结构等方面对中国乳制品进口贸易现状进行剖析。运用1995～2011年中国从澳大利亚、新西兰、美国和法国进口奶粉、奶油和奶酪三种商品的数量构建市场份额模型，以三个时间段为节点分析影响中国乳制品进口贸易的主要因素。

（2）从双边经济贸易、商品贸易、服务贸易以及双向投资角度全面分析中澳双边贸易关系，并针对性地从全球宏观乳品贸易环境以及具体微观乳品贸易种类两个层次，定性分析中国与澳大利亚乳制品贸易的现状及特征。在回顾中澳自贸区谈判背景和历程的基础上，从生鲜乳生产者价格、乳制品最惠国税率、产业转型方面分析了中澳自贸区建立后，中国从澳大利亚乳品进口的潜力。

（3）运用引力模型和GTAP模型分别研究假设2015年中澳自贸区建立对中国乳品生产及进口贸易的影响。首先，利用2000～2011年与中国乳制品贸易量较大的22个国家和地区的贸易相关数据构建引力模型，分析影响中国乳制品进口额主要因素的作用方向和程度。其次，利用 GTAP 模型对中国、澳大利亚、新西兰、欧盟、美国以及世界其他地区的政策方案进行模拟，重点考察 2015 年中澳自贸区建立前后，中国与澳大利亚、新西兰、欧盟、美国以及世界其他地区在生鲜奶和乳制品方面贸易的变化趋势。最后，通过两种模型分别测算 2015 年中澳自贸区建立后，中国从澳大利亚乳制品进口的绝对数量和相对数量变化情况，并进行对比分析。

　　本书的技术路线遵循了理论分析、实证研究的研究思路，具体技术路线如图 1 - 1 所示。

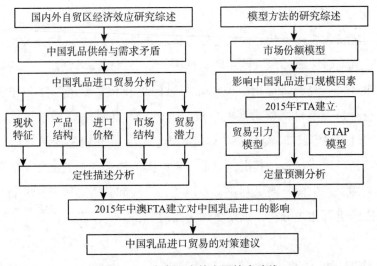

图 1 - 1　本书研究的主要技术路线

1.2.2　研究方法

1. 实证分析法

　　实证分析是一种根据事实加以验证的陈述，而这种实证性的陈述则可以简化为某种能根据经验数据加以证明的形式。在运用实证分析法来研究经济问题时，就是要提出用于解释事实的理论，并以此为根据作出预测。这也就是形成经济理论的过程。

本书先后使用市场份额模型和贸易引力模型对中国与贸易伙伴国的乳制品贸易市场结构及影响因素进行实证分析。市场份额模型是对中国与四个主要乳制品来源国的商品结构效应、市场结构效应以及这两者竞争力效应方面进行实证研究，而引力模型则是在此基础上又扩大到对 22 个中国乳制品来源国的贸易数据进行分析，从而确定中国乳制品进口贸易的影响因素。

2. 比较分析法

作为经济学常用方法之一，比较分析法侧重通过事物异同点的比较区别事物，达到对各个事物深入地了解与认识。本书对中澳乳制品贸易的微观现状及宏观环境研究，将运用横向比较与纵向比较相结合的方法。在纵向方面，着重分析中澳自由贸易区的发展进程及谈判策略。在横向上，首先对 2005～2011 年中国与澳大利亚在鲜奶、奶粉、黄油和奶酪等具体商品的贸易量和贸易额进行比较；其次，着重分析中国与澳大利亚乳品贸易的现状及特征；最后，对中国与澳大利亚、新西兰、美国和欧盟等国家在乳制品贸易方面的之间进行比较分析，以期更加全面地分析。

3. 均衡分析方法

一般均衡理论（General Equilibrium Theory），也称一般均衡分析（general equilibrium analysis），是西方经济学的一种分析方法。它由法国瓦尔拉提出，在现代西方经济学中被广泛使用的一种方法。它相对于局部均衡分析法而言，局部均衡分析法是在不考虑经济体系某一局部以外的因素影响的条件下，分析这一局部本身所包含的各种因素相互作用中，均衡的形成与变动的方法。而一般均衡分析法，假定一个社会任何一种商品（或生产要素）的需求和供应，不仅取决于该商品（或生产要素）的价格，而且取决于其他所有商品和生产要素的供求和价格。

可计算一般均衡模型（computable general equilibrium，CGE）是基于一般均衡思想构建起来的宏观经济模型，它一个最重要的研究领域是在国际贸易方面。澳大利亚 Monash 大学的政策研究中心开发的 ORANI 模型和 MONASH 模型，以及美国普渡大学的 GTAP 小组开发的 GTAP 模型是其中的主要代表。

本书采用可计算的一般均衡分析方法 GTAP 模型，不仅考虑到全球贸易政策下，生鲜乳和乳制品两个部门的生产价格、进出口价格对中国乳制品贸易影响，同时还考虑到资本、熟练劳动力、非熟练劳动力这三项生产要素的自由流动性对国内生产总值的影响，进而对中国乳业在生产格局、GDP 和福利水平等方面的影响。

1.3

研究的主要创新点

本书以中国乳制品贸易为主线，通过对影响中国乳制品进口贸易的主要因素及影响程度进行测算与分析，探讨中澳自由贸易区建立对中国乳制品进口贸易的具体影响，本书可能的创新点如下。

1.3.1 引力模型方法的运用

在农业经济研究领域，大多数文献使用贸易引力模型都是针对某种农产品或者林产品进出口贸易进行实证分析，主要研究影响这些产品贸易的一般性和政策性因素以及它们的影响程度 [高颖、田维明（2008）[1]，董桂才（2009）[2]，李慧燕、魏秀芬（2011）[3] 等]。本书在得到中国乳制品进口贸易引力模型方程的基础上，根据历史数据构建回归分析模型计算出 2015 年中国和澳大利亚 GDP 和人口数的预测值，然后带入方程计算得到 2015 年中澳自贸区建立，随着关税削减，中国从澳大利亚乳制品进口额的变化，这样可以弥补引力模型只能做实证分析而不能进行预测分析的缺憾。

李慧燕、魏秀芬（2011）[3]通过引力模型模拟得到贸易引力方程，并用二次指数平滑法计算了中国乳制品进口关税税率降低对中国乳品进口产生的影响及中澳自由贸易区建立的贸易转移效应。本书在其研究基础上，用回归分析模型方法替代了二次指数平滑方法。由于二次指数平滑法是一种比较简单的时间序列分析方法，容易产生序列相关性；而回归分析模型方法采用 D. W 检验和广义差分法对模型进行修正，确保模型通过时间序列的平稳性检验，因此可以更加科学准确地测算出方程变量的预测值。并且本书在李慧燕和魏秀芬（2011）[3]的研究基础上利用 GTAP 模型进一步测算了 2015 年中国从澳大利亚乳制品进口量、进口额和进口价格的数值和变化比率，得到比较全面完整的结论。

1.3.2 GTAP 模型方法的运用

在有关贸易自由化对中国外经贸发展及政策的影响的定量分析的研究中，作为主流的分析方法 GTAP 模型适用于全球贸易分析［杨军、黄季琨、仇焕广（2005）[4]，彭秀芬（2009）[5]等］，但是较少有研究者将其运用于某个行业的贸易分析［张海森、杨军（2008）[6]，喻闻、程广燕、杨军（2010）[7]等］。一般学者运用 GTAP 模型都是通过设定所选国家或地区的生产要素（包括资本、土地、熟练劳动力、非熟练劳动力等）的增长率，来影响其经济增长（GDP），同时考虑技术进步变化的影响，在此基准方案的基础上通过削减关税进行相关的贸易政策冲击，一般最终仅能得到相对于基期数据的变化率表示的模拟结果。

但是本书的做法与一般学者运用 GTAP 模型研究不同，在内蒙古大学经济管理学院的彭秀芬教授和中国农业部徐培森老师的启发下，首先根据历史数据构建回归分析模型，对 2015 年中国乳制品生产和贸易的宏观情况（包括中国、澳大利亚、新西兰及美国原奶和乳制品的产量、生产者价格、出口量和出口价格；中国从澳大利亚、新西兰及美国进口原奶和乳制品的数量、数额和进口价格）进行推演与测算，并把它作为 GTAP 模型模拟的基准方案，然后设定中澳自贸区建立的模拟政策对基准方案进行冲击，得到相对于基期数据的变化率表示的模拟结果。在此基础上，本书结合 2015 年中国乳制品贸易的相关预测值，进一步计算出中澳自由贸易区建立对中国乳制品进口贸易的具体影响，这样可以比较合理地得到预测结果，并且一定程度避免陷入 GTAP 模型内部黑箱操作的数字游戏中。

1.3.3　澳大利亚乳品贸易潜力的新发现

本书通过引力模型和全球贸易分析模型两种方法测算出 2015 年中国—澳大利亚自由贸易区建立后，中国从澳大利亚乳制品进口量、进口额和进口价格的绝对变化和相对变化情况。并对两种方法所得到的结果进行总结比较，结合前人的研究结果［杨军、黄季琨、仇焕广（2005）[4]，胡冰川、崔奇峰（2006）[8]，李碧芳、肖辉（2010）[9]，李慧燕、魏秀芬（2011）[3] 等］，本书认为由于在构建引力模型的时候没有考虑到除关税以外的其他"排斥力"因素（虽然考虑到两国首都的距离对中国乳制品进口额的排斥力作用，但是该变量在引力模型中不显著，因此该变量没有起到排斥的作用），而可能导致引力模型方法计算出来的结果与现实情况存在较大偏差，而 GTAP 模型由于考虑到的影响因素较多，模拟得到的结果可能更加符合实际贸易情况。从而在研究方法上达到了相互补充、相互比较的目的，使得结果更加贴近现实。

现在人们普遍认为新西兰是中国乳制品进口最主要的来源国，而忽视了澳大利亚在乳品进口方面的潜力。但是引力模型和 GTAP 模型两种方法的计算结果都表明由于澳大利亚拥有扩大奶牛养殖规模的巨大潜力（草原面积辽阔、气候适宜、奶牛养殖成本低等），一旦澳大利亚的肉羊养殖业向乳业生产转型，那么将会对中国乳制品进口造成巨大的影响，因此澳大利亚乳品贸易的潜力不可小觑。

第2章

乳品贸易相关概念与理论

2.1

概念界定

2.1.1 原料奶

中国原奶主要包括牛奶和羊奶，其中牛奶占绝对地位。牛奶生产的主要来源包括奶牛奶、水牛奶。生鲜牛奶[①]（raw milk）又可称为生奶/乳、生鲜牛乳、原料奶/乳，是指从健康牛体正常乳房挤下的天然乳腺分泌物，仅经过冷却，可能经过过滤，但未杀菌、加热、净乳，特别是未经过巴氏杀菌。本书所涉及的原料奶（或原奶、生鲜乳）均指生鲜牛奶，而不是指鲜奶商品。

2.1.2 乳制品

乳制品作为食品工业领域中的重要产品，国际乳品联合会（IDF）法规专

[①] 详见 2004 年国家质检总局国家标准化管理委员会颁布的《预包装食品标签通则》（GB7718 - 2004）和《预包装特殊膳食用食品标签通则》（GB13432 - 2004）规定内容，http：//www. chinanews. com/news/2004/2004 - 12 - 05/26/513214. shtml。

业委员会把乳制品定义为：以牛乳或其他动物乳为主要原料并经过正规工业化加工而生产出来的产品。按照 IDF 的标准，乳制品是指其乳固体含量占它的总固体含量的 75% 以上的乳产品。从 IDF 统计和发表的公报看，干酪（800种以上）、液体奶、奶粉（脱脂奶粉、全脂奶粉）、奶油和炼乳五大类等属于乳制品范畴（占据了乳制品总产量的 90% 以上）。液体奶里包括灭菌（UHT）奶（或羊奶）、巴氏（消毒）杀菌牛（羊）奶和酸奶。本书所提到的乳制品仅包括牛乳及其加工的产品，不包括羊乳、马乳等其他动物乳及其制成品。

海关编码 HS 于 1988 年 1 月 1 日正式实施，每 4 年修订 1 次，世界上已有 200 多个国家使用 HS，全球贸易总量 98% 以上的货物都是以 HS 分类的。从 1992 年 1 月 1 日起，中国进出口税则采用世界海关组织《商品名称及编码协调制度》（简称 HS），该制度是一部科学的、系统的国际贸易商品分类体系，采用六位编码，适用于税则、统计、生产、运输、贸易管制、检验检疫等多方面，已成为国际贸易的一种标准语言。

本书根据 HS96 编码把中国进出口贸易的乳制品划分为六大类：鲜奶、奶粉和炼乳、酸奶、乳清制品、奶油及奶酪，其海关编码分别为：0401、0402（04021、04022；04029）、0403、0404、0405、0406。液态奶包括鲜奶和酸奶，即 0401、0403；干乳制品包括奶粉、炼乳、乳清制品、奶油及奶酪，即 0402、0404、0405、0406。本书采用的乳制品国际贸易数据都是根据这六项海关编码下的数据整理而来。

鲜奶指未浓缩未加糖或其他甜物质的乳及奶油。奶粉及炼乳指浓缩、加糖或其他甜物质的乳及奶油。酸奶指酪乳、结块的乳及奶油、发酵或酸化乳及奶油。乳清制品指乳清。奶油指黄油及其他从乳提取的脂和油。干酪（奶酪）指乳酪及凝乳。

2.1.3 乳制品进口贸易

乳制品对外贸易是指一个国家（地区）与另一个国家（地区）之间的

乳制品商品的交换。这种贸易由进口和出口两个部分组成，乳制品进口贸易又称输入贸易（import trade）是指将外国的乳制品商品输入本国市场销售；乳制品出口贸易又称输出贸易（export trade）是指本国生产或加工的乳制品商品输往国外市场销售。

中国乳制品对外贸易一直处于逆差状态，净进口量逐年扩大，从 1995 年的 4.17 万吨上升到 2011 年的 86.27 万吨，同时乳制品进口额逐年增长，其占贸易总额的比重从 1995 年的 68% 上涨到 2011 年的 97%，而乳制品出口额比重不断下降，2011 年仅占贸易总额的 2.95%。因此，本书将重点研究中国乳制品进口贸易情况，暂时不对乳制品出口贸易进行分析。

2.1.4　贸易自由化

贸易自由化（trade liberalization）是指一国对外国商品和服务的进口所采取的限制逐步减少，为进口商品和服务提供贸易优惠待遇的过程或结果。无论是以往的关贸总协定，还是现在的世贸组织，都是以贸易自由化为宗旨。

2.1.5　自由贸易区

自由贸易区（free trade area）指两个或两个以上的国家或行政上独立的经济体之间在 WTO 最惠国待遇基础上达成协议，相互分阶段取消商品贸易的障碍，相互进一步开放市场，成员经济体内的厂商的商品可以自由地输入和输出，但是各成员对区外的贸易伙伴仍旧维持原有的贸易壁垒的一种区域贸易合作形式。

2.1.6　自由贸易协定

自由贸易协定（free trade agreement，简称 FTA）是两国或多国间具有法律约束力的契约，是独立关税主体之间以自愿结合方式，就贸易自由化及其相关问题达成的协定。是为了绕开 WTO 多边协议的困难，同时也为了推动贸易自由化，消除贸易壁垒（例如关税或繁杂的规则等），允许产品与服务在国家间自由流动。依据自由贸易协定，原产于协议伙伴国的货物可以获得进口税和关税减免优惠。在 WTO 文件中，FTA 与优惠贸易协定（PTA）、关税同盟协定（CUA）一道，都纳入 RTA（regional trade agreement）的范围。无论在进口还是出口国，自由贸易协定都有助于简化海关手续。

2.2

区域经济一体化理论

2.2.1　区域经济一体化理论

区域经济一体化（regional economic integration），是指地理上比较接近的两个或两个以上的国家，以各自国家的利益为出发点，实行的某种形式的经济联合，或组成的区域性经济组织，合作的效益首先体现在双边或多边进出口贸易上的共赢。

1. 贸易自由化推动区域经济一体化

区域经济一体化起源于 20 世纪 50 年代欧洲经济一体化的实践，至今经历了三次发展浪潮。区域性自由贸易协定对多边贸易体制和多边贸易自由化的促进作用是客观存在和极为明显的。区域经济一体化能够在全球范围内进一步推动多边贸易的自由化。

贸易自由化的理论基础来源于大卫·李嘉图的比较优势论。比较优势理论认为，通过贸易互通有无，各国在具有相对较高生产力的领域进行专业化生产，将有助于提高各国的真实财富总量。而比较优势理论所赖以存在的基础是亚当·斯密自由市场经济学说。斯密认为，正像国内每个生产部门内部和彼此之间存在着分工并且这种分工的发展能够提高劳动生产力一样，国际上不同地域之间也存在着分工，这种国际地域分工通过自由贸易也能促进各国劳动生产力的发展。

保罗·萨缪尔森对李嘉图的比较利益说的阐释进一步论证了自由贸易带来的种种好处："最有效率和最富生产性的专业化模式，是个人或国家都集中精力从事相对或比较而言比其他的人或国家效率更高的活动……在自由贸易条件下，当各国集中在其有比较优势的领域进行生产和贸易时，每个国家的情况都会变得比原先要好。与没有贸易的情况相比，各国的劳工专门生产自己具有比较优势的产品并将其与比较劣势的产品相交换时，他们工作同样的劳动时间就能够获得更多的消费品"。

2. 区域经济一体化的形式

区域贸易合作可以按照一体化的程度分为六个阶段，即根据区域内生产要素的流动程度和成员国之间相互让度的权利的多少，从形式上划分为优惠贸易安排、自由贸易区、关税同盟、共同市场、经济同盟和完全经济一体化。每一个阶段都比前一个阶段对成员经济体的约束力大，同时成员国需要让渡的权利也越来越多。

（1）优惠贸易安排（preferential trade arrangements）。优惠贸易安排是经济一体化较低级和松散的一种形式，是指在实行优惠贸易安排的成员国间，通过协议或其他形式，对全部商品或部分商品规定特别的优惠关税。

（2）自由贸易区（free trade area）。在优惠贸易安排基础上形成的另一种贸易合作安排被称作自由贸易区。通常指签署自由贸易协定同意消除关税、贸易配额和优先级别的一些国家的组合；有时它也用来形容一国国内，指一个或多个消除了关税和贸易配额、并且对经济的行政干预较小的区域。

（3）关税同盟（customs union）。在自由贸易区基础上更高一级的区域经济一体化形式叫作关税同盟，它是指在自由贸易区的基础上，所有成员统一对非成员国采取一致的进口关税或其他贸易政策措施。因此关税同盟与自由贸易区不同之处是，它比自由贸易区要求成员国放弃更多的进口关税的制定权，成员国内部进出口双方将会获得更多的贸易机会和经济利益。

（4）共同市场（common market）。共同市场是比关税同盟还高级的区域经济合作组织，在关税同盟的基础上，各成员国之间除了实现货物的自由流动，还实现了服务、资本和劳动力的自由流动。建立共同市场要求成员国不仅让渡进口关税的制定权，而且还得让渡国内间接税率的调整权、非关税壁垒，特别是技术标准的制定权、干预资本流动权等。

（5）经济同盟（economic union）。经济同盟是经济一体化的高级形式，在经济同盟中，各成员国不仅让渡了建立共同市场所需让渡的权利，更重要的是成员国让渡了使用宏观经济政策干预本国经济运行的权利。而且成员国不仅让渡了干预外部经济经济的汇率政策，维持外部平衡的权利，也让渡了干预内部经济的财政和货币政策，保持内部平衡的权利。目前只有欧盟实现了真正的经济同盟的区域经济一体化组织形式。

（6）完全经济一体化（perfectly economic integration）。完全经济一体化顾名思义是指成员国不仅在经济方面全部一体化，而且在经济制度、政治制度和法律制度等方面也实现统一的经济一体化形式。它是最高级形式的经济一体化。

以上的优惠贸易安排、自由贸易区、关税同盟、共同市场、经济联盟和完全经济一体化是从低级向高级排列的一体化组织形式，划分的依据就是根据它们让渡国家主权程度的不同。不存在低一级的经济一体化组织必然向高一级经济一体化组织升级，大部分国家都是根据本国经济发展的具体情况，来决定是停留在原有的形式上，还是向高一级的经济一体化组织过渡。

2.2.2 区域经济一体化的福利效应

任何形式的区域经济一体化组织都会对其成员国和集团外的国家产生

一定影响，这就是区域经济一体化产生的效应。由于自由贸易区是区域经济一体化的典型形式，因此，许多区域经济一体化理论把自由贸易区作为重要的研究对象，研究的主要内容是在关税和非关税领域，分析区域经济一体化对贸易、投资、社会福利等方面产生的静态的经济效应和动态的经济效应。

1. 静态效应

静态效应可以进一步区分为贸易转移效应（trade diversion effect）和贸易创造效应（trade creation effect）。自由贸易区在扩大区域内贸易的同时，也相应地减少了区域内成员国与区域外国家之间的贸易往来，因此它对国际贸易有很大的影响。本书主要是研究中澳自由贸易区建立对中国乳制品进口贸易产生的创造效应和转移效应。

（1）贸易创造效应

贸易创造效应主要指自由贸易区建立之后，由于取消了同盟成员国之间的关税但保留了对非同盟成员的关税，从而发生了同盟成员的低效率（高成本）生产取代非同盟成员的高效率（低成本）生产，即在差别待遇的影响下，某一同盟成员把原来向非成员国的低成本进口转向同盟成员国的高成本进口，从而给区域内进出口双方带来更多贸易机会和经济利益。由于区域内出口的增加，也刺激和扩大了全体成员国的经济。可见贸易创造效应给自由贸易区内的经济发展带来的是正面效应。

（2）贸易转移效果

贸易转移效果是指由于自由贸易区对内削减关税，对外实行统一的关税，成员国就把原来从自由贸易区外非成员国低成本生产的产品进口，转换为从同盟内成员国高成本生产的产品进口，从而将低成本的域外产品拒之门外，域内的进口国自然减少了关税收入，由此来看贸易转移效果给域内经济带来的是负面效应。

2. 动态效应

自由贸易区不仅会给参加国带来静态的影响，还会给它们带来两个主要的动态方面的影响，这对成员国的经济增长起到很重要的作用。

第一个是规模经济效应。在有限的市场规模条件下，公司生产可能永远达不到合理的经济规模，而且非常容易形成垄断使竞争缺乏效率。当建立新的自由贸易协定后，成员国之间取消了关税壁垒，各成员国的市场整合成一个大市场，区域性市场得到不同程度的扩大。市场的扩大意味着分割的狭小市场的融合和更大程度的整合，扩大了的市场容量和更激烈的竞争为公司实现规模效益提供了客观环境。企业可以在竞争与规模之间寻求平衡，通过追求并实现规模经济来提高劳动生产率，扩大生产规模，改善生产要素的使用效率，增强自身的竞争能力。

第二个是引进外资对经济的促进效应。自由贸易协定的建立，可以吸引大量的外国直接投资，则本国企业的竞争加剧产生促进效应。建立自由贸易区一定程度上打破了各成员国对市场的保护，使得企业面临空前激烈的竞争，从而促使企业设法降低成本，提高劳动生产率。强烈的竞争将刺激企业改组和产业合理化，使经济资源得以更有效配置，整个区域的经济福利增加了。同时，大量引进外资可以推动先进技术的广泛使用，促进科技进步以及工业化和现代化的发展，加强研究与开发。

第3章

乳品贸易研究现状

3.1

国外研究现状

3.1.1 对自由贸易区经济效应的研究

早期研究自由贸易区经济效应问题的是1936年的学者哈伯勒（Gottfried Haberler），他认为双边自由贸易区的成员国福利会增加，而第三方国家的利益会受损[10]。凯普和万（Kemp & Wan，1976）在前人研究的基础上，进一步研究认为假设两国签订了关税同盟，两国在区域内取消彼此间的关税，就可以使这个集团从次优选择变成最优选择。关税同盟能够提高经济效率和增加福利。而且第三方的福利也没有受到损害[11]。巴尔德温（Baldwin，2008）研究认为已经成立了一个自由贸易区的国家，如果继续成立第二个自由贸易区，该国的福利水平会提高。如果双边贸易协定产生的贸易创造效应比贸易转移效应大，那么双边自由贸易协定的成员国福利会增加。因为它不仅可以通过降低关税来增加对第二个国家的出口，同时可能减少由于加入第一个自由贸易区带来的贸易转移的效应[12]。

古尔浩特（Laätitia Guilhot，2010）采用面板数据运用引力模型使用了三个区域指标变量，评估了三个主要的东亚自由贸易协定（东盟、中国—东盟和东盟—韩国）对区域内和区域外贸易的影响[13]。结论是东盟协定有利于区域和多边贸易协议，创造出口到世界各地，抵消了区域外进口的分流。中国—东盟和东盟—韩国的协议迄今尚未显示对东亚贸易流动的影响。李昌洙和文东（Chang - Soo Lee & Don Moon，2010）采用一般均衡（CGE）模拟分析各种顺序自由化的情景对东亚经济的影响，强调"序列"在测量自由贸易协定的经济影响[14]。林和里德（Lin sun and Michael R. Reed，2010）计算在最重要的自由贸易协定（FTA）影响下，农产品的贸易创造效应和贸易转移效应[15]。使用泊松伪最大似然（PPML）与各种固定效应估算贸易创造和转移的影响。分析发现，东盟—中国优惠贸易协定、欧盟15国、欧盟25国和南非发展共同体协议使其成员之间农产品贸易增加。

3.1.2 利用一般均衡模型对中澳自由贸易区建立的研究

2005年3月，澳大利亚外事办和中国商务部共同进行了澳大利亚—中国自由贸易协定联合可行性研究。这项研究表明，在更大的覆盖范围，更深层次的开放以及更快的实施，将给两国带来更大的净效益。一个在澳大利亚和中国之间消除或减少贸易和投资障碍的自由贸易协定会为两国带来巨大的贸易和经济利益，促进澳大利亚和中国经济在未来更长的发展阶段内更紧密地融合，并且支持及加强多边和区域贸易改革。其中的建模部分就是采用GTAP模型量化中澳FTA建立可能潜在的好处。麦、亚当斯、范、李和郑（Mai, Adams, Fan, Li & Zheng，2005）的研究结果表明，中澳FTA可能会影响两国的贸易和投资流动、经济福利等方面。具体来说，2005～2015年，以这两个国家的现值计算，实际国内生产总值年平均增长率可能会增加约0.04%。这一增长速度将意味着2006～2015年，自由贸易协定可以提高澳大利亚和中国的实际国内生产总值，数值分别为180亿美元（约为244亿澳元）和640亿美元（约为5 297亿人民币）。模拟结果表明，一个涵盖货

物、服务以及投资的自由贸易协定可以在 2015 年促进双边贸易总额达到 54
亿美元[16]。

麦和亚当斯（Yinhua Mai & Philip Adams, 2007）基于莫纳什大学政策
研究中心研发的一个以澳大利亚、中国和世界其他地区为基础的莫纳什的多
国家模型（MMC）上，研究中澳自由贸易协议潜在的优势，模拟了中澳
FTA 的各种效应，包括消除商品贸易壁垒、促进投资自由化与消除服务贸易
壁垒。结果表明 FTA 对澳大利亚与中国的影响是积极的，促进了两国实际
GDP 的增长，其中部分增长是通过提高生产率带来的，同时增加了社会福
利[17]。希里瓦尔达纳（Mahinda Siriwardana, 2008）运用 GTAP 模型定量分
析了中澳自由贸易区建立的长期福利效应、贸易创造效应及贸易转移效应。
结果表明取消双边贸易保护后，中澳两国都将获益且实际 GDP 都将增加，
但是澳大利亚的实际国内生产总值（0.58%）增加幅度远高于中国
（0.15%）。从全球范围来看，其引起的贸易创造效应大于贸易转移效应[18]。
范（Mingtai Fan, 2010）考虑到由于 GTAP 模型的局限性作出的假设，所用
数据的质量以及应用的特定技术，研究结果有些争议，特别是在澳大利亚的
农业发展潜力和羊毛生产能力的影响方面[19]。认为澳大利亚和中国应当分
别应用 CGE 模型计算中澳 FTA 对削减羊毛、小麦以及大米的贸易保护，以
及对中国油料投资自由化的影响。这个联合研究为深入了解中国政策制定者
的想法以及中国政策变化如何影响其具体决策提供了一个机会，有助于构建
贸易政策模型和贸易政策的制定。

3.1.3 关于中澳自由贸易区的其他研究

巴苏等人（Parikshit K. Basu et al., 2005）的研究表明，中国被访者明
确表示与澳大利亚签订贸易协定、引进外资和先进技术很高兴，但障碍是缺
乏对澳大利亚的详细了解[20]。他们普遍认为中澳自由贸易协定的签订将有
助于中国企业与其澳大利亚合作伙伴进行合作。通过民意调查，研究为中澳

自由贸易谈判及最后协定的签订做了进一步理论研究的铺垫。程（Dawei Cheng，2008）通过测算显示性比较优势指数（RCA）分析中国和澳大利在贸易上的竞争优势，认为中澳贸易前提是不同的要素禀赋，并提出了中澳自由贸易协议谈判的一整套政策建议[21]。杨（Yang Jiang，2008）认为中澳FTA的建立对中国的经济发展具有重要意义[22]。一方面，澳大利亚具有中国国内经济发展所需要的丰富的能源资源与原材料，例如铁矿石、铜、铁铝氧石、镍、铅和锌。中澳FTA的建立可以使得中国在澳大利亚矿产资源方面的投资障碍以及矿石产品进口关税会减少甚至消除，从而确保中国达到有一个稳定能源来源的对外经济政策目标。另一方面，澳大利亚承认中国市场经济地位是进行中澳自由贸易区谈判的前提条件，这样做主要是便于未来要求欧盟和美国承认中国市场经济地位。

3.1.4　关于乳制品贸易方面的研究

彭和考克斯（Tingjun Peng，Thomas L. Cox，2006）发展了在进一步贸易自由化情况下，亚洲乳制品市场的经济分析，使用整合世界乳品行业纵向及空间特征的世界乳业模型[23]。结果表明，与亚洲其他国家的贸易自由化相比，日本和韩国的生产商将遭受更大的损失，比起国内生产补贴，他们将从贸易扭曲中获得更多保护。如果亚洲自由化，则印度是一个潜在的有竞争力的出口国。在全球自由贸易下，中国和印度是潜在有竞争力的出口商。东南亚和其他南亚国家在自由贸易下保持进口。具有竞争力的亚洲乳业经济体按顺序被发现是：日本、韩国、东南亚、其他南亚国家、中国和印度。中国和印度消费者将在世界贸易自由化中损失，但其他国家的消费者剩余会增加。喻闻和程广燕（Wen Yu and Guangyan Cheng，2010）认为虽然中国乳品行业已经取得很大进展，但是仍然面临着城市化，人们消费方式的变化以及收入水平增加等各种挑战。目前，澳大利亚有意与中国建立自由贸易区。它们选取了6个地区及8种商品，并把原奶及乳制品放在一个部门，运用

2004 年的 GTAP 7 模型基于中国—新西兰 FTA 的假设之上设定了三种模拟方案，从对国内生产、乳制品贸易、产品等方面探讨了中澳 FTA 的建立对中国乳业的影响，为政策制定者提供重要的依据[7]。相对于杨军、黄季琨等人（2005）的研究，本书在分析三种模拟方案对生产要素需求及其价格的影响分析上不仅考虑到"自然资源"这一生产要素，而且计算出对五种生产要素需求的影响程度[4]。王和帕尔森斯（Qingbin Wang & Robert Parsons，2010）分析了自 1995 年以来中国主要乳制品的进口模式，提出中国城市液体奶、酸奶和奶粉的需求弹性，讨论中国在世界乳品市场和贸易的潜在影响。结果表明中国的乳制品进口将有可能继续增长，乳品主要来自美国、新西兰、澳大利亚的产品出口商[24]。布拉斯科（B. Blaskó，2011）从全球乳制品的生产、消费、贸易及价格的发展趋势描述了乳品部门在世界的重要性[25]。世界乳及乳制品消费量和贸易量将继续扩大。新西兰、欧盟（27 国）、美国及澳大利亚是主要的出口国。中国已经成为世界最重要的牛奶生产国之一。亚洲诸国、俄罗斯联邦、阿尔及利亚、墨西哥、沙特阿拉伯和美国对牛奶及乳制品都具有很强的需求。世界乳制品市场价格 2002 ~ 2004 年上涨了 1 倍，2010 年开始强劲复苏，但是仍然比 2008 年年初的最高值低了 20%。

3.2

国内研究现状

3.2.1   基于 GTAP 模型方法的中澳农产品贸易研究

早期的研究主要集中于两国农产品贸易概况和特征的研究，或者是涉及特定农产品的研究。随着计量方法的引入，学者们开始用一般均衡模型（CGE）测算区域组织的效果。

杨军、黄季焜、仇焕广（2005）采用基于 2001 年的 GTAP_6 数据库，选择 18 个商品种类，10 个主要国家和地区，设定两种方案，分析中澳自由贸易区建立后对中国农产品进出口的影响[4]。结果表明，中澳两国的进出口具有很强的互补性以及澳大利亚进口关税与产品的竞争能力有明显的反向关系。虽然澳大利亚的进口关税较低，但其动植物检疫标准等非关税标准很严格，对中国农产品出口极为不利。该文章在商品分类上，重点分析中澳 FTA 对整个农产品的影响上，没有详细说明奶制品是否包含原料奶；在方案选择上，考虑到非贸易壁垒设为零，以及中澳两国四种生产要素实际价格的变化率，这一点值得借鉴。周曙东、吴强、胡冰川、崔奇峰（2006）运用 GTAP 模型研究得出：中澳两国通过建立自由贸易区而产生的贸易创造效应将有效地调整产业结构，中国的工业品生产会得到拉动，而农业生产会受到一定程度的冲击[26]。中国—澳大利亚自由贸易区的建立会导致新西兰、欧盟对华奶制品出口下降 14% 左右；导致新西兰对华羊毛出口下降 2.8% 左右。文章考察中澳 FTA 对中国整个经济的影响，因此从农业与工业角度进行分析，选择进入模型的商品种类更加广泛。情景模拟假设中澳双方对所有对方进口产品的关税降为 0，以及其他贸易壁垒的关税等值为 0，取消关税配额。该模拟方案与李碧芳、肖辉（2010）所做的中澳自由贸易区对中国农产品出口的影响分析研究中的模拟方案一致[107]。李碧芳、肖辉（2010）从自由贸易区视角下对中国与澳大利亚两国农产品贸易全行业进行研究，选择 12 类商品部门。研究发现，中澳农产品贸易的绝对值增长很快，但是其占两国贸易总量的份额却不断下降。中澳自贸区的建立将使中国对澳大利亚的农产品出口额增加 1 154.3 万美元。中国对澳大利亚奶制品和羊毛出口虽然增加的绝对值不是很大，但是有着良好的增长前景，有可能成为未来出口增长的拉动因素。对于澳大利亚来说，自由贸易区的建立将使澳大利亚对中国的出口增加大约 8.26 亿美元。澳大利亚对中国出口的牛羊马、糖类以及奶制品有着很大出口潜力[9]。并且周曙东、吴强、胡冰川等人（2006）注意到 GTAP 模拟结果显示的是变化的相对数，无法表示绝对数的增减幅度，又根据 GTAP 模型的数据库资料推算出中澳进出口贸易增加的绝对量[26]。周曙东、胡冰川、崔奇峰（2006）又通过运用 GTAP 6 新发布的多哈回合谈判模拟情景方案数据库，选择 10 个国家及地区、20 种农产品，使用澳大利亚 Monash 大学开发的 GEMPACK 软件，根据模拟方案对多哈回合谈判对中国农产品的国内生产及对外出口的影响进行模拟分析[27]。研究认为，在贸易开放的形势下，中国的一些土地密集型农产品仍然具有比较优势，中国水稻、蔬菜水果等产品的生产有扩大的趋势，而小麦、活动物、牛羊肉、植物油、奶制品的生产会受到一定的冲击。本书选择了 7 种情景模拟方案，主要是根据不同关税分层削减公式以及对于敏感性农产品的设定计算得出。何昱（2008）采用可计算的一般均衡模型，分析了中澳自由贸易区建立后对我国纺织业和羊毛进口产生的影响[28]。研究认为，由于澳大利亚市场潜力小和我国纺织品出口结构等原因，零关税对我国的纺织品出口和总产量所带来的增长有限。而取消羊毛进口配额，虽会给我国畜牧业带来一定的冲击，但从长期来看十分有利于纺织业的发展。林海、曹慧等（2010）运用 GTAP 模型分析中澳自由贸易区建立后，中国对澳大利亚具有比较优势的羊毛产品的进口配额及预期收益问题[29]。研究表明，澳大利亚在各种政策方案下都是受益者，并随着配额外关税削减幅度的增加或配额的增加，澳大利亚的福利表现出逐步增加的趋势，在完全削减关税情况下，澳大利亚的受益最大。而中国只有在中国配额外关税削减 10% 或者增加澳大利亚的羊毛国别配额 10% 的这两个子方案中才是受益者。中国与澳大利亚建立自由贸易区后，中国方面主要是纺织品服装等优势产品得到好处，生产有一定的增长，而多数农产品的生产则有一定程度的下降，羊毛生产下降幅度较大。

3.2.2　其他对 FTA 建立对中国农产品影响的研究

修文彦、段东霞（2006）采用一个简单的内蒙古地区畜产品供需模型，研究中、澳、新建立自由贸易区对内蒙古畜产品市场的影响[30]。结果表明，对于内蒙古地区来说，零关税会导致澳新两国畜产品冲击中国市场，在短期内给内蒙古地区的畜牧业生产带来不利影响，而长期来看，自由贸易区的建立也会给相比之下不具有比较优势的产业带来诸如提高劳动效率以及提高消费者福利水平等正面影响，进而提高总体福利，对经济有利。秦向东和王海楠（2006）认为，澳大利亚优势农产品在中国市场上只存在少量直接竞争，但是在贸易自由化后的确会使澳大利亚农产品大量涌入中国[31]。于友伟、李玉举等（2006）分析中澳双边贸易、投资的互补性和非均衡性的特征，根据中澳双边贸易发展的外部条件，提出了进一步拓展贸易空间的具体措施[32]。

张婧（2009）采用局部均衡模型，重点分析了中澳自由贸易区建立后，降低或取消关税对进口商品价格和需求的影响，并分行业进行了具体分析[33]。蒋含明、李非（2012）通过 GTAP 模型从宏观经济和产业层面模拟预测了 ECFA 的建立对于两岸经济贸易等方面所可能造成的影响[34]。结果显示，ECFA 的签订推动了两岸贸易的成长，提高了两岸实际 GDP 的增长速度与福利水平。ECFA 的签订拉动了大陆工业品的生产，而农产品生产则会受到一定程度的冲击。本书划分了 13 个产业部门、11 个国家和地区，并在模型中假定海峡两岸要素的总存量不变，另外两岸的总储蓄与总投资之差等于资本净流出，全球总储蓄等于总投资。何立春、杨莲娜（2010）从关税壁垒与非关税壁垒两个方面阐述了 2007 年中国与澳大利亚农产品贸易的总体情况，并在此基础上分析建立 FTA 对双边农产品贸易的影响[35]。研究结果表明，由于目前澳大利亚国内的动植物检验检疫体系、食品标准和风险评估等非关税措施比较严格，加之澳大利亚农产品关税水平很低，因此自由贸易区建立以后，关税消减的空间比较有限，中国农产品对澳大利亚出口可能会有一定增长，但潜力相当有限。中国的水果蔬菜、棉花以及加工食品因不受澳大利亚动植物检疫标准的制约，产出呈增长趋势。而澳大利亚的优势产品如羊毛、猪禽类及糖类出口趋增态势明显。

王璠（2010）运用贸易份额指数、贸易密集度指数和 HM 指数测度了中澳贸易之间的相互依赖程度，认为中国严重依赖澳大利亚的铁矿石出口，而中国对澳大利亚出口的产品替代性很强，导致双方在 FTA 谈判中难以达成一致[36]。田维明、周章跃等（2007）运用 GTAP 模型模拟了多回合多边贸易政策变化对我国饲料粮和相关粮食产品和畜产品的生产和贸易影响[37]。席岩和田燕梅（2011）分析了中澳自由贸易区谈判的主要分歧，认为应避免全方位的自由贸易对敏感产业造成的冲击，如澳大利亚的机电产业、纺织服装产业，我国的农业、畜牧业等，可以采取过渡期等特殊的规定[38]。舒慧娟（2007）用市场份额模型以及显性比较优势法对中国 1990～2004 年农产品整体国际竞争力的长期变化趋势以及不同农产品的竞争力进行了研究[39]。研究表明中国出口农产品结构不优、市场结构单一制约了中国农产品国际竞争力的提高。农产品国际竞争力的提升与出口产品结构的改善在中国农产品出口增长中几乎占有相同的重要地位。赵亮、穆月英（2012）对东亚区域内东盟 10 国和中日韩 3 国，面对农产品贸易问题这一谈判进程的主要阻力之一，就劳动密集型和资本密集型农产品分阶段进行恒定市场份额（CMS）的比较分析[40]。结果表明，中国农产品出口份额相对较大但主要依靠低廉的价格，并且竞争力逐渐减弱；东亚地区农产品市场总体需求潜力很大；产业和结构的合理和完善可在一定程度上提高农产品的竞争力。

　　肖良、张社梅（2005）把实施卫生和动植物检疫措施协议（SPS）措施作为自变量引入到引力模型中，通过案例分析发现，SPS 措施的发布和实施将成为影响贸易的主要因子，因此使用引力模型定量分析 SPS 措施对国与国之间农产品和食品贸易的影响具有显著的解释作用[41]。高颖、田维明（2008）利用引力模型采用 1990～2005 年中国与主要大豆出口国的相关数据，加入影响大豆进口的一些政策性因素，定量评价了影响中国大豆贸易的主要因素。结果表明，贸易伙伴国的产业政策、大豆进口价格、中国大豆市场开放程度对中国的大豆贸易格局变化有显著影响[1]。董桂才（2009）选取 2006 年单一时间数据，以及 30 个与中国农产品贸易较多的国家和地区，以各贸易伙伴国在我国农产品出口中的份额为被解释变量，以进口国人均

GDP、人口、人均水资源量、距离等为解释变量构建了贸易引力模型[2]。结果显示中国对澳大利亚等22个国家的农产品出口份额还有进一步提高的潜力，同时中国农产品出口市场结构还有进一步优化的空间。陈雯（2009）采用2002~2006年133个国家和地区建立引力模型，把中国—东盟自由贸易区作为一个虚拟变量来考察中国—东盟自由贸易区的贸易创造效应和贸易转移效应[42]。结果表明，中国—东盟自由贸易区的建立对中国与东盟的进出口有贸易创造效应，而且对中国从东盟进口的推动作用大于对中国向东盟出口的推动作用。王丽萍（2012）选取1995~2004年与中国进行纺织品贸易的20个国家和地区构建引力模型，还加入贸易方的纺织品贸易保护措施（BT）和区域贸易组织（RTA）两个虚拟变量增强模型的解释性[43]。结果表明，中国纺织品在国际市场竞争中不仅具有越来越强的开拓新市场的能力，而且还具有较强的保持市场份额的能力。李豫新、李婷（2012）运用统计软件Stata11对中国与中亚五国的农产品贸易进行引力模型分析，并且对其农产品出口贸易潜力进行测算。结果表明，中国与中亚五国农产品贸易具有潜力，经济规模、人口规模和WTO优惠贸易安排对农产品贸易具有促进作用[44]。

3.2.3　中澳FTA对乳制品贸易的影响研究

刘李峰（2006）对中澳奶制品贸易现状、基本格局及其互补性特征进行了分析，提出在澳大利亚积极推动中澳签署自由贸易协定的背景下，应积极加强中澳在奶业领域的合作，促进中澳奶制品贸易进一步融合[45]。刘李峰（2006）对中国和新西兰奶业发展情况作了比较，在此基础上通过相关的贸易指数如格鲁贝尔—劳埃德（G-L）指数、相对贸易优势（RTA）指标和双边贸易综合互补系数（OBC）等对双边奶制品贸易现状、特征和前景进行了分析，结果表明中新奶制品贸易互补特征明显，由此认为在未来几年，特别是中新FTA签署后，新西兰奶制品可能还将大量涌入国内市场[46]。刘鸿雁、刘小和（2007）以奶制品为例，分析了澳大利亚所签订的自由贸易协定中有关奶制品的规定，深入研究澳大利亚在自由贸易区谈判中所采取的谈判策略[47]。研究结果表明，开拓发展中国家市场对于澳大利亚具有重要的战略意义。因为一方面，发展中国家奶业普遍处于发展阶段，生产能力有限，而消费者对奶制品的需求不断增加，供需缺口较大，因而奶制品进口具有极大的市场潜力；另一方面，发展中国家的对外贸易体制尚不健全，谈判能力较弱，对农产品的支持和保护非常有限，澳大利亚可以在谈判中获得更多的利益。但是对于没有配额的农产品，如奶制品，可以采用延长过渡期，或在检验检疫措施、原产地规则中加强对国内产业的保护。刘鸿雁（2007）利用空间均衡模型对贸易自由化进程给我国奶业发展所造成的影响进行模拟和分析[48]。结果表明与澳新结成自由贸易区对我国奶业有相对较大的影响，贸易转移效应比较明显，而各国同时降低关税，对澳新奶业发展则更为有利。彭秀芬（2009）选择了 14 个地区、10 种商品部门，其中把鲜奶和乳制品分成两个部门，通过 GTAP 模型模拟中新 FTA、中澳 FTA 以及中新澳 FTA 的建立对我国乳业市场及乳制品贸易的影响[5]。结果表明，中新自由贸易区建设对中国乳业生产的冲击最小，中国的国民福利提高，贸易转向效应明显；中新澳自由贸易区建设对中国乳业生产的冲击加大，中国的国民福利提高幅度加大，对澳大利亚乳品贸易的转向效应增强。

李慧燕、魏秀芬（2011）利用 2000～2008 年中国与其主要乳品进口来源国（新西兰、美国、澳大利亚、法国和荷兰）间贸易流量数据，通过引力模型分析了进口关税税率分别降低 5%、10%、25%、50% 和 100% 对中国乳品进口产生的影响及中澳自由贸易区建立的贸易转移效应，并提出了中国各类乳品中的敏感品目[3]。研究结果表明，运输成本不能形成对乳品进口的障碍；进口关税税率是影响乳品进口的主要因素，税率降低不同程度后中国自澳大利亚的乳品进口额显著增长；同时中澳自由贸易区成立也将对中国乳品进口的地理方向产生重要影响，即随着关税税率的降低，中国自澳大利亚乳品的进口额将显著增长，其中黄油类乳制品受中澳自由贸易区成立冲击的程度将更为严重。刘艺卓（2009）从宏观整体和微观分类两个角度运用市场份额模型对影响中国乳品进口变动的因素进行了分析[49]。结果表明，近年来中国乳品进口大幅提升主要是由于缺乏竞争力引起的，世界乳品贸易规模的扩大对中国乳品的进口产生了正面影响，市场结构的变化对中国乳品进口的作用由正向转为负向，而商品构成的变化对中国乳品的进口始终产生负面影响。于海龙、李秉龙（2011）以 2002～2009 年中国未浓缩的乳及奶油（0401）的出口额作为研究对象，选取中国香港、中国澳门、新加坡等 9 个出口国家（地区）[50]。结果表明，中国是乳制品生产大国但却是贸易小国，整体而言，中国乳制品在国际市场上不具备国际竞争力。乳制品产量对中国乳制品出口具有显著的正向影响，而出口对象国 GDP 和中国人口数量则具有显著的负向影响。

3.3

文献综述评析

以上研究文献对于中澳自由贸易区建立的深入研究具有重要的实践指导意义和理论参考价值，同时已有的研究还存在需要进一步扩展完善的地方，本书将从上述已有研究成果的薄弱环节着眼对中澳自由贸易区建立对中国乳业的影响进行深入研究和探讨。

综上所述，首先，从自由贸易区的研究视角来看，目前国内外关于中澳自由贸易区的建立已有了一定的研究，但是主要集中在对中澳双边贸易的现状、格局、特征及其贸易策略的分析上，大部分文章对中国与澳大利亚进出口商品贸易进行了较多的描述性分析。从研究行业的角度来看，目前国内外对于中澳自由贸易区建立对中澳两国乳业的影响研究还比较少，主要集中在对农业、畜牧业、纺织业和制造业等行业的研究。而基于 FTA 视角对中澳农产品贸易进行研究的文献，也大多集中在贸易关系（指数分析）以及发展潜力方面，例如采取产业内贸易指数，贸易竞争力指数，显示性比较优势指数以及贸易互补指数进行分析。

其次，从研究思路上来看，中外对于中澳 FTA 建立对中国以及澳大利亚的经济领域的研究层出不穷，大到从宏观上对中国经济贸易的影响研究，到对中国整个农产品进出口方面的影响研究，小到从微观上分析中澳 FTA 对中国某一产业的影响，这三个方面几乎贯穿于每篇文章。而其中乳业及乳制品贸易是重要的研究方向，这不仅因为中国与澳大利亚的乳业贸易上互补性很强，已成为中澳 FTA 农产品谈判中的难点，同时因为我国乳业自 "三聚氰胺" 事件以来，其自身的发展面临着诸多挑战。因此本书选择该热点问题进行研究，不仅有助于剖析中澳乳制品贸易目前的特征及存在的问题，同时模拟预测中澳 FTA 谈判的政策影响及进出口贸易变化程度，也可为政策制定者提供决策的理论依据，具有较强的理论及现实意义。

再次，从采用的模型方法上看，虽然有一部分文章采用了引力模型进行研究，但是考虑到体现经济体系中会计账户一致性和部门间生产投入产出、消费替代及要素市场等相互关系，大部分研究中澳 FTA 影响的文献都是采用多国多部门可计算一般均衡 GTAP 模型。这是因为 GTAP 模型作为目前国际上运用最普遍的国际贸易分析工具具有较大的优势，而引力模型的建立不是从理论的演绎出发，是以对现实贸易关系较为直观的判断为依据，因此该模型通常被认为缺乏坚实的理论基础。因此本研究把引力模型和 GTAP 模型结合起来使用，具体有以下几个方面的原因：一方面，由于引力模型适用于事后评估，因此不适合模拟中澳自由贸易区建立产生的经济效应；而一般均衡 GTAP 模型适用于事前模拟评估，不仅可以分析区域经济一体化组织的成立对区域贸易的影响，还可以分析对生产、就业和福利等方面的影响，详细分析贸易各方的得失。另一方面，引力模型强调地缘因素在国际区域经济一体化过程中的重要作用，但是根据以往的研究地理距离（即运输成本）并不是影响中国乳制品进口的主要因素，不能对乳制品进口形成障碍（李慧燕、魏秀芬，2011）；而 GTAP 模型主要测算随着进口关税税率的削减，乳制品进口变动情况，众所周知，进口关税税率是影响乳制品进口的主要因素，二者呈明显的负相关关系（李慧燕、魏秀芬，2011）。因此本书采用一般均衡模型 GTAP（第七版）来模拟计算中澳自由贸易区建立对中国乳业的影响。

最后，在具体的研究内容方面，在选择进入 GTAP 模型分析的商品类型上，以往的研究都是仅凭经验去判断哪些行业与乳业联系较为紧密，以及合并，这样的做法主观性较强，缺乏科学的理论依据，以至于在文献之间，虽然研究的目的及采用的方法一致，由于其采用了不同的商品分类，得出的结论相差甚远。本书通过对中澳贸易量较大的农产品进行分析，确定进入 GTAP 模型的商品类别。在 GTAP 模型的政策模拟方面，主要考虑的是关税及其他贸易壁垒，针对乳业的研究主要会考虑到中国—新西兰 FTA 或者中澳新 FTA 的建立对中国乳业及乳制品贸易的影响。

第 二 篇

乳品贸易现状及特征

第4章

全球乳品贸易现状

全球乳制品市场需求

4.1.1 市场需求

全球乳品市场自20世纪90年代以来，处于一个平稳发展的时期，行业在2014年增长为2.4%，达到481.1190亿公斤。在2010~2014的五年达到2.8%的增长率。2015年年初，全球出现乳制品经济危机，牛奶收购价格普遍下降，2015年乳业增长率在2%左右。最根本的原因是世界范围内乳制品的供给关系出现了严重失衡，供过于求。一些主要需求国（包括印度、非洲、中东等国家或地区）整体需求低迷，但乳制品出口国的生产量却在明显增加。当全球对乳制品需求量的增加和库存量的减少时，乳制品的价格就会上升。

截至2016年底，全球乳制品交易量增长7%以上，主要受中国和东南亚需求增长驱动（见图4-1）。大中华地区（包括中国内地、澳门和香港）乳制品需求量约占全球整体交易量的1/3。全球出口东南亚地区的乳制品数量约增长了4%，相比之下，中亚和日本市场的进口量放缓。

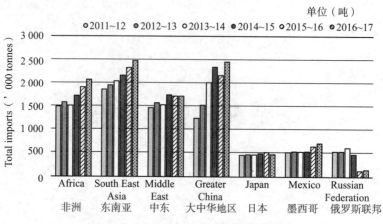

图 4-1 全球主要乳制品市场需求变化

图片来源：DairyAustralia，澳华财经在线。

　　发展中国家对乳制品的消费逐年增加，巴西和墨西哥逐渐成为乳制品进口大国，2016 年巴西和墨西哥乳制品进口量分别占全球乳制品进口总量的 5% 和 7%，尤其是墨西哥上涨速度很快（见图 4-2）。2017 年巴西和墨西哥有望继续增加乳制品进口量。墨西哥对黄油、奶酪和液体奶的进口量连续三年增长，2016 年总体增幅超过 20%。巴西对于全脂奶粉的需求在 2016 年增长接近一倍，达到了 12 万吨。随着发展中国家乳制品消费和需求的增长，未来进口量有望进一步增加，从而带动全球奶价上升。

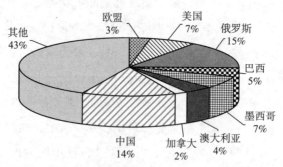

图 4-2 2016 年全球乳制品主要进口国进口占比（按还原原奶量占比）

4.1.2　消费情况

2015 年全球原奶乳制品消费增长稳定，乳制品消费量增速稳定。全球乳制品消费以液体奶和奶酪为主，将乳制品折算为原奶，液体奶、奶酪、黄油、全脂奶粉（whole milk powder，简称 WMP）和脱脂奶粉（skim milk powder，简称 SMP）占比分别为 40%、26%、13%、11% 和 10%。全球液态奶、奶酪、黄油、全脂奶粉和脱脂奶粉的消费量分别为 18 014 万吨、2 000 万吨、1 009 万吨、599 万吨和 584 万吨。

2015 年全球乳制品市场价值达到 4 460 亿美元，从人均消费方面看，乳制品工业是长期内较有吸引力的增长市场之一。欧洲依旧是最大的乳制品消费市场，占到全球乳品的 39.8% 的份额，紧跟其后的是美洲占到 29.5% 的全球市场。亚太占到 27.5%，其中中国消费市场占到全球市场的 10% 左右的份额。根据预测，2017 年发展中国家的人均乳制品消费量预计将增加 1.4% ~2.0%。需求的扩张反映了收入更适度地持续增长和饮食的进一步全球化。相比之下，发达国家的人均消费预计将增加 0.2% 和 1.0% 之间。经历了 2016 年乳业危机之后，2017 年初全球主要乳品出口国中，只有美国目前还呈现增长势头。2017 年全球乳品的供需平衡状况平稳恢复，多数产品价格已回复至五年平均水平以上，乳脂产品价格尤其坚挺。

4.2
主要乳品出口国贸易现状

4.2.1　欧盟乳品贸易现状

1.　原奶及乳制品生产方面

（1）原奶生产情况

欧盟牛奶产量占全球牛奶总产量的 23%，乳制品出口量占全球的比重约 15%。近年来，欧盟的奶牛数量一直稳步下降，每头奶牛的产奶量都有所改善。2014 年约有 2 300 万头牛，每头牛平均产奶量为 6 700 公斤。2016 年泌乳期奶牛存栏量 23 624 万头，比 2015 年的 23 559 万头下降 0.28%，2017 年欧盟存栏量预计将下降 0.6%。2016 年，欧盟原奶产量达到 15 330.4 万吨。德国、法国、英国、荷兰、波兰和意大利共占欧盟牛奶总产量的近 70%，其中德国、法国、英国位居前三名。2016 年，德国、荷兰、波兰、意大利和爱尔兰的原奶产量分别比 2015 年上涨 0.3%、7.5%、2.4%、2.8% 和 4.4%。

欧盟是历史上世界最大的乳制品生产商和出口商，但是欧盟出口一个主要的部分就是补贴。2015 年 3 月欧盟取消执行了 30 多年的牛奶生产配额制，包括德国在内的许多欧盟国家的牛奶产量激增，市场供应过剩，奶价持续下跌。农民面临着生产过剩和自 2009 年以来大宗商品价格的最低水平。2016 年欧盟拿出 1.5 亿欧元预算资金，为自愿减少牛奶产量的奶农提供补助，以平衡牛奶供需，稳定市场价格，补助标准约为每 100 公斤 14 欧元。来自 27 个欧盟成员国的 5.2 万名奶农加入减产计划，约占奶农总数的 98.9%。到 2017 年欧盟乳制品市场似乎慢慢走出了这次"奶业危机"，欧盟乳制品市场仍然在寻找平衡。

（2）乳品生产情况

2016 年，欧盟原奶收购量同比增长 0.4%，其中黄油、发酵乳、奶酪、脱脂奶粉和全脂奶粉产量均显著高于 2015 年同期（见表 4-1），但是奶油、炼乳和饮用奶出现同比下跌。增幅最大的是脱脂奶粉和全脂奶粉，分别达到 3.7% 和 3.2%，而下跌幅度最大的是炼乳（约 11.2%）。

2016 年，德国、荷兰和爱尔兰的脱脂奶粉和全脂奶粉产量均有大幅增加，英国的发酵乳、荷兰的奶酪、波兰的黄油和奶酪、意大利的发酵乳、爱尔兰的黄油和直接消费奶油分别同比上涨 6.3%、5.2%、8.6% 和 4.0%、7.9%、6.2% 和 13.2%。

表 4 – 1　　　2015～2016 年 1～12 月欧盟及部分成员国主要乳制品产量及增速

单位：千吨，%

地区	时间	原奶	黄油	脱脂奶粉	全脂奶粉	直接消费奶油	炼乳	饮用奶	发酵乳	奶酪
欧盟	2015	152 768.1	2 099.8	1 504.4	641.2	2 779.2	1 082.7	30 247.2	7 881.0	8 877.7
	2016	153 303.5	2 154.4	1 560.7	661.5	2 753.0	961.5	30 176.9	8 096.7	8 992.3
	%	+0.4	+2.6	+3.7	+3.2	−0.9	−11.2	−0.2	+2.7	+1.3
德国	2015	31 879.1	517.3	400.3	120.9	566.6	411.9	4 980.5	1 924.6	2 320.4
	2016	31 972.7	516.1	435.6	128.0	586.0	351.4	4 993.1	1 946.3	2 285.3
	%	+0.3	−0.2	+8.8	+5.9	+3.4	−14.7	+0.3	+1.1	−1.5
法国	2015	25 374.9	447.0	457.1	131.7	473.6	72.2	3 298.5	1 575.8	1 783.4
	2016	24 738.6	435.1	431.5	131.6	477.2	59.9	3 270.7	1 516.2	1 730.1
	%	−2.5	−2.7	−5.6	−0.0	+0.8	−17.0	−0.8	−3.8	−3.0
英国	2015	15 191.3	144.5			326.1		6 854.0	298.0	434.5
	2016	14 542.6	147.9			284.9		6 690.3	316.7	431.6
	%	−4.3	+2.4			−12.6		−2.4	+6.3	−0.6
荷兰	2015	13 330.9	147.5	68.6	135.7		407.7		255.8	845.0
	2016	14 324.2	153.1	70.8	164.4		380.8		266.5	888.8
	%	+7.5	+3.8	+3.2	+21.1		−6.6		+4.2	+5.2
波兰	2015	10 869.2	187.7	141.3	33.6	254.8	35.4	1 650.2	531.6	784.6
	2016	11 130.0	203.9	142.7	32.7	258.7	32.8	1 658.4	519.5	816.1
	%	+2.4	+8.6	+1.0	−2.6	+1.5	−7.3	+0.5	−2.3	+4.0
意大利	2015	11 160.9	94.1	0.0	0.0	164.6	0.0	2 453.4	251.5	1 009.5
	2016	11 476.4	93.1	0.0	0.0	131.3	0.0	2 459.5	271.3	1 004.5
	%	+2.8	−1.0			−20.2		+0.2	+7.9	−0.5
爱尔兰	2015	6 585.1	187.5	102.2	0.0	14.7		523.0		
	2016	6 871.6	199.1	117.7	0.0	16.6		541.5		
	%	+4.4	+6.2	+15.2		+13.2		+3.5		

资料来源：欧盟统计局。

2. 乳品贸易方面

欧盟奶业产能过剩，近三分之一的奶酪和四分之一的黄油要向俄罗斯出口，比如 2013 年欧盟总共向俄罗斯出口了 23 亿欧元的乳制品，2014 年为报复西方的经济制裁，俄罗斯禁止进口欧盟乳制品，这严重冲击了欧盟乳业，而这一块需要通过加大对中国等新兴市场出口来消化。中国一直是欧盟最主要的乳制品出口目的地，2015 年欧盟对中国的出口额占总出口额的15.8%。欧盟对中国的乳制品出口额从 2004 年的 1.541 亿美元（1.6%）上涨到 2015 年的 24.734 亿美元（15.8%），增长了 14.2%。美国是欧盟第二大出口国，占 2015 年欧盟总出口额的 8.5%；中国香港位居第三，占比为7.5%（见表 4-2）。

表 4-2　　　　2015 年欧盟乳制品出口贸易伙伴国和出口额　　　单位：百万美元，%

来源国	婴幼儿配方奶粉	奶酪	脱脂奶粉	全脂奶粉	其他乳制品	出口额	占比
中国内地	1 364.1	51.4	161.0	79.0	817.9	2 473.4	15.8
美国	3.5	1 004.0	1.4	7.2	308.7	1 324.8	8.5
中国香港	852.1	22.9	39.5	60.4	207.4	1 182.3	7.5
沙特阿拉伯	301.7	165.9	59.7	54.0	260.0	841.4	5.4
阿尔及利亚	144.1	95.7	245.8	108.2	20.9	614.9	3.9
其他地区	1 421.6	2 522.8	1 151	1 045.2	3 100.2	9 241	58.9
出口额	4 087.3	3 862.6	1 658.5	1 354.0	4 715.2	15 677.6	100.0
占比	26.1	24.6	10.6	8.6	30.1	100.0	

资料来源：Global Trade Atlas。

欧盟是全球奶粉第二大出口地，出口量占全球 24.6%。欧盟对中国婴幼儿配方奶粉的出口额从 2004 年的 0.117 亿美元，增长到 2015 年的 13.641亿美元，增长了 116 倍多。脱脂奶粉从 2004 年的 0.242 亿美元上涨到 2015年的 1.61 亿美元；全脂奶粉从 2004 年的 190 万美元上涨到 2015 年的 0.79亿美元。另外，欧盟出口到中国的奶酪由 2004 年的 500 万美元上升到 2015年的 0.514 亿美元，上升趋势明显。

4.2.2 美国乳品贸易现状

2015 年，美国奶牛数量达到 931.7 万头，同比增长 6 万头，2016 年成母牛存栏头数上涨到 933.3 万头。2015 年每头奶牛平均产奶量约为 10.17吨，2016 年奶牛单产增至 10.33 吨。从 2004 年到 2016 年，美国牛奶产量从7 747.36 万吨增加到 9 639.5 万吨。目前美国挂牌的奶牛养殖场总计 41 806个，比 1992 年下降了 68.2%。从 2003 年到 2016 年，美国奶牛场数量从 70375 个减少到了 41 809 个，下降了 40.6%，年均变化率为 -2.89%，近 5 年变化率 -4%，但是产奶总量却增长了 25%。

从 2004 年到 2015 年，美国乳制品出口额增长了三倍多，从 2004 年的 16亿美元增长到 2015 年接近 49 亿美元（见表 4 - 3），比 2014 年减少了 28%。由于液态奶易腐且运费昂贵不便储存，奶粉成为国际贸易交易量高于液态奶的产品。由于美国的消费模式，乳品企业把频繁盈余的脱脂牛奶制造成固体的脱脂奶粉。随着全球市场对奶粉的需求不断增长，脱脂奶粉目前已经成为美国主要对外出口的乳制品。2015 年，美国对外出口的主要乳制品有：奶酪（占 28.3%）、脱脂奶粉（占 28.3%）、乳清产品（占 16.6%）和乳糖（占6.4%）。2015 年美国奶酪的出口额达到 13.88 亿美元；脱脂奶粉紧随其后，从 2004 年的 5.59 亿美元增长到 2015 年的 13.86 亿美元；乳清产品排名第三位。

表 4 - 3　　　　2015 年美国乳制品出口贸易伙伴国和出口额　单位：百万美元，%

来源国	奶酪	脱脂奶粉	乳清产品	乳糖	其他乳制品	出口额	占比
墨西哥	379.6	570.7	56.9	26.8	192.2	1 226.2	25.0
加拿大	69.5	5.9	125.3	7.4	228.3	436.4	8.9
中国	53.5	70.9	196.5	54.2	57.8	432.9	8.8
韩国	237.8	13.1	27.5	10.8	14.6	303.9	6.2
日本	162.7	11.8	58.9	27.8	11.2	272.4	5.6

续表

来源国	奶酪	脱脂奶粉	乳清产品	乳糖	其他乳制品	出口额	占比
其他地区	484.9	713.3	345.3	188.5	492.4	2 224.3	45.4
出口额	1 388.0	1 385.6	810.5	315.5	996.5	4 895.9	100.0
占比	28.3	28.3	16.6	6.4	20.4	100.0	

资料来源：Global Trade Atlas。

美国成为继新西兰和欧盟之后的世界第三大乳制品出口国。墨西哥一直是美国最主要的出口目的地，占比约为 25%，美国对墨西哥的乳制品出口额从 2004 年（4.39 亿美元）到 2015 年（12.26 亿美元）增加了 7.87 亿美元。加拿大是美国第二大出口国，占 2015 年美国总出口额的 8.9%；中国位居第三，占比为 8.8%。

美国出口到中国的乳制品金额从 2004 年的 0.732 亿美元，增长到 2015 年的 4.329 亿美元，增长了 6 倍。尤其是脱脂奶粉从 2004 年的 0.102 亿美元上涨到 2015 年的 0.709 亿美元，增长了 7 倍。美国向中国出口的奶酪由 2004 年的 60 万美元上升到 2015 年的 0.535 亿美元，上涨了 89 倍。值得注意的是，2015 年美国向中国出口价值 0.745 亿美元的婴幼儿配方奶粉，是 2004 年 30 万美元出口额的 248 倍。

2016 年，美国对中国乳制品出口额为 3.84 亿美元，比 2015 年下降约 12%。有以下原因导致美国乳制品出口在 2016 年大幅下跌，包括全球尤其是来自中国对乳制品的需求增长放缓，俄罗斯乳制品进口禁令，利率上调导致美元持续升值以及欧盟牛奶配额的终止。此外，由于美国乳制品在中国注册审批的进程缓慢，导致美国向中国出口液态奶受到限制，一旦该问题解决，美国向中国出口液态奶有望获得提振。但是发展中国家不断上升的乳制品需求为出口的持续增长提供了重要机遇。

4.2.3　澳新乳品贸易现状

1. 澳大利亚乳品贸易现状

随着亚洲消费者收入不断增长且饮食变得更加西化，亚洲市场乳制品的消费增长具有相当大的潜力。2015～2016 年度，由于受到亚洲乳制品市场尤其是中国乳制品市场需求下降的影响，澳大利亚奶牛存栏量为 166.3 万头左右，同比下降 1.54%；牛奶产量为 95.39 亿升，同比下降 1.98%；每头奶牛的年单产量也由 2014～2015 年度的 5 872 升下降到 2015～2016 年度的 5 699升。澳大利亚 6 400 多个牧场中，90% 以上是家庭牧场。澳大利亚奶牛养殖以放牧为主，养殖成本很低，与新西兰相当。澳大利亚乳业局预测 2016～2017产季的牛奶总产量会比 2015～2016 产季的 95 亿升产量降低 6%～8%。

澳大利亚奶业具有很强的出口型特征，约一半的产量用于出口，目前占世界市场份额 7%～9%。澳大利亚的出口重点是地理位置近、销售增长较快的亚洲市场。截至 2016 年 10 月底，澳大利亚乳制品出口共计超过 230 万吨，在数量上增长了 13%；出口额从 2010/11 财年的 3.8 亿美元跃升至 6.6亿美元，略低于美国的 72 亿美元，这种增长主要是由婴儿配方奶粉驱动。

中国是澳大利亚最大的乳制品出口市场，2015/16 财年共有 14.21 万吨乳制品出口到中国，总值 3.76 亿美元。澳大利亚的主要竞争对手是新西兰、欧盟和美国。同时中国也是澳大利亚第二大重要的羊肉出口目的地，尽管中国向澳大利亚征收的关税从 12%～23% 不等，但是在 2015/16 财年澳大利亚向中国羊肉出口额达到 2.3 亿美元（出口量约 76 575 吨）。

过去五年间，澳大利亚向大中华地区（包括中国内地、香港和澳门）乳制品出口总体增长了 46%（见表 4-4），在大中华区总进口量所占份额位居第 8 名。按出口量计增长最突出的分别是：牛奶（1 599%）、炼乳（683%）、婴儿配方奶粉（225%）、黄油（122%）与奶酪（90%）。全脂奶粉、乳清粉与脱脂奶粉对华出口则整体下滑。

　　根据澳乳业局公布的数据，2015/16 财年，澳大利亚对大中华地区的全脂奶粉出口量较去年同期上升 14.7%，至 45 万吨，销售额增长 11% 至 16 亿美元；而脱脂奶粉显著下降，略超过 20 千吨，同比下降了 8.2%；液态奶出口量上升了 36.2%，达到近 68 千吨，主要是来自欧盟的超高温灭菌奶大量增加，尤其是德国对中国的液态奶出口量占比超过一半。而婴儿配方奶粉则是欧盟出口额最高的乳制品，总计近 25 亿美元。

表 4 - 4　　　2010~2015 年澳大利亚对大中华地区乳制品出口情况

乳制品	市场份额		出口量（千吨）		出口额（百万美元）	
	2010/11	2014/15	2010/11	2014/15	2010/11	2014/15
奶酪	25.0	19.2	7.1	17.1	37.8	60.5
婴儿配方奶粉	2.5	8.4	2.0	11.3	18.1	155.3
牛奶	9.4	12.9	6.2	66.7	6.7	58.6
脱脂奶粉	9.2	9.5	14.1	21.0	48.2	53.3
全脂奶粉	1.2	4.3	2.1	7.9	11.9	48.0
总出口	4.6	7.1	47.6	136.1	168.1	399.2

注：大中华地区包括中国内地、香港和澳门。
资料来源：Global Trade Atlas。

2. 新西兰乳品贸易现状

　　奶业是新西兰畜牧业重要的组成部分。近年来，由于奶牛的养殖效益比较高，南岛的牛群规模不断扩大，奶牛场显著增长。2015~2016 年度，新西兰共有 499.78 万头奶牛，其中 59.7% 的奶牛在北岛，主要分布怀卡托地区（约占奶牛总头数的 30%）和塔拉纳基地区（约占奶牛总头数的 11%）；40.3% 的奶牛（约 160 万头）在南岛，主要分布在第二大城市基督城附近。由于 2016 年 11 月新西兰南岛发生的地震和海啸，以南岛的北坎特布雷地区（奶牛存栏量占 13.8%）受灾最重，将导致新西兰同比降低约 30 吨奶产量或者 1.5 万吨全脂奶粉的产量。2015/16 生产季，新西兰共收集 209.14 亿升的原料奶，比 2014/15 生产季的 212.53 亿升减少了 1.59%。奶牛总数也由 2014/15 生产季的 501.83 万头，下降到 2015/16 生产季的 499.78 万头，减少了 0.41%。每头牛的平均单产也由 2014/15 生产季的 4 235 升下降到 2015/16 生产季的 4 185 升。2015～2016 年度，新西兰拥有 11 918 个奶牛群，其中存栏量在 100 头以下的牛群占总牛群的比重仅为 1.8%，100～500 头奶牛群的数量占到 69%，500～1 000 头占 24.2%，1 000 头以上的奶牛群占 5%。

新西兰总奶产量的约 4% 用于国内市场消费，约 96% 的奶产量被用于加工成乳制品出口，所占份额全球第一。由于远离出口市场，新西兰将牛奶尽可能地脱水加工成乳制品出口，以此来减少运输成本。除了向东南亚和太平洋岛国出口少量的超高温灭菌奶（简称 UHT）外，新西兰不出口液态奶。新西兰是全球最大的奶粉出口国，2016 年出口量占全球的 46%。2015 年，新西兰对外出口的主要乳制品有全脂奶粉（占 37.2%）、黄油和乳脂（占 17.3%）、奶酪（占 12.3%）和脱脂奶粉（占 10.2%），其中奶粉、奶酪、黄油等乳制品的出口额比 2014 年下降 30 亿新元至 115 亿。事实上，乳制品的出口量在 2015 年创下新高达到 290 万吨，仅是由于价格降幅更大才使得出口金额出现了下跌。

新西兰受中国市场乳制品的需求影响是巨大的，2015 年由于需求下降和新元贬值的影响，新西兰对华乳制品出口额下降约 2/3。但从出口额上看，中国仍是新西兰第一大出口目的地，占比约为 20%，乳制品出口额从 2004 年（3.084 亿美元）到 2015 年（18.972 亿美元）增加了 15.89 亿美元。美国是新西兰第二大出口国，占 2015 年总出口额的 8.3%；后面依次是阿拉伯联合酋长国（4.6%）、澳大利亚（4.5%）和日本（4.5%）。

新西兰对中国的乳制品出口额从 2004 年的 3.084 亿美元，增长到 2015 年的 18.972 亿美元，增长了 6 倍多（见表 4 - 5）。其中，全脂奶粉从 2004 年的 1.926 亿美元上涨到 2015 年的 8.582 亿美元，增长约 4.5 倍；脱脂奶粉从 2004 年的 0.625 亿美元上涨到 2015 年的 2.995 亿美元，增长约 4.8

倍。值得注意的是，2004 年新西兰向中国奶酪出口额为 980 万美元，2015 年上升到 1.635 亿美元，上涨约 16.7 倍；2015 年新西兰向中国出口价值 2.247 亿美元的黄油和乳脂，是 2004 年 0.194 亿美元出口额的 11.58 倍。而婴幼儿配方奶粉由 2004 年的 0.341 亿美元上升到 2015 年的 1.955 亿美元，但是占比从 47.5% 下降到 33.0%。

表 4-5　　　　2015 年新西兰乳制品出口贸易伙伴国和出口额　　　单位：百万美元，%

来源国	全脂奶粉	黄油和乳脂	奶酪	脱脂奶粉	其他乳制品	出口额	占比
中国	858.2	224.7	163.5	299.5	351.2	1 897.2	20.0
美国	9.1	55.4	57.5	0.7	666.3	788.9	8.3
阿联酋	321.6	79.7	15.4	18.7	3.1	438.5	4.6
澳大利亚	25.8	60.9	185.0	10.5	144.6	426.8	4.5
日本	2.2	31.8	191.4	26.9	173.4	425.8	4.5
其他地区	2 304.4	1 184.6	551.7	604.9	845.9	5 491.5	58.0
出口额	3 521.4	1 637.1	1 164.4	961.3	2 184.6	9 468.8	100.0
占比	37.2	17.3	12.3	10.2	23.1	100.0	

资料来源：Global Trade Atlas。

　　在完全开放、自由的贸易条件下，中国未来可能会加大奶酪、黄油和更多保持期长的牛奶进口，并且随着可延长冷藏牛奶货架时间的新技术出现，中国还可能进口更多数量的"新鲜牛奶"，中国进口全脂奶粉的需求预计会下降。新西兰在过去 15 年发展了一个高度依靠全脂奶粉的产业，但是 20 世纪乳品贸易是以黄油和奶酪为主，因此需要对产业进行结构调整。

第 5 章

中国乳品供给与需求现状及特征

5.1

中国乳业的地位

5.1.1　中国乳业在世界中的地位

全球乳品市场自 20 世纪 90 年代以来，处于一个平稳发展的时期，行业在 2014 年增长为 2.4%，达到 481.119 亿公斤。在 2010 ~ 2014 的五年达到 2.8% 的增长率。2015 年增长也依旧在 2% 左右。在这种大背景下，中国奶业也不断迅猛发展，并且在世界奶业中的地位不断上升。中国牛奶产量从 1995 年位于世界排名第 14 位，上升到 2000 年的第 11 位，到 2006 年超过俄罗斯和巴基斯坦排在世界第三位，仅次于印度和美国，这一排名一直保持至今。

1995 年，中国牛奶产量为 911 万吨（见表 5 - 1），仅占世界牛奶总产量的 1.70%，到 2000 年该比例上升为 2.07%。2005 年中国牛奶产量达到 2 865 万吨，占比达到 4.45%，此后中国牛奶产量增长速度明显加快，到 2007 年该比例上升为 5.53%。2016 年，中国牛奶产量达到 3 570 万吨，占世界牛奶产量的5.98%，比2015年下降了0.36个百分点（见表5-1），但是世界排名仍位于欧盟（26.19%）、美国（16.14%）和印度（11.39%）之后，位居全球国家及地区第四位，其后分别是巴西（5.46%）、俄罗斯（5.08%）、新西兰（3.58%）以及澳大利亚（1.54%）。2017年，全球原奶、牛奶产量预计均增长1.7%，分别达到6.1亿吨和5.0亿吨。巴西、美国、新西兰和欧盟原奶产量预计分别增长5.2%、2.1%、1.1%和0.3%。

表5-1　　　　　　　　世界主要国家和地区的牛奶产量　　　　单位：百万吨

国家	1995	2000	2005	2010	2011	2015	2016
全球	535.92	579.26	644.36	720.98	727.05	592.12	596.98
印度	33.25	37.66	42.62	51.00	59.40	64.00	68.00
美国	70.44	76.02	80.25	87.46	89.01	94.62	96.34
中国	9.11	11.99	28.65	37.48	41.84	37.55	35.70
俄罗斯	39.31	32.28	31.14	32.14	31.64	30.56	30.35
德国	28.63	28.35	28.49	29.67	30.51	32.60	-
新西兰	9.29	12.24	14.50	17.01	20.57	21.58	21.37
澳大利亚	8.46	11.18	10.09	9.02	9.48	9.80	9.20

资料来源：FAO、USDA、中国奶业统计资料。
注："-"代表缺失值。

中国奶类产量从1995年开始突飞猛进，但是由于中国人口众多，人均奶类占有量和奶牛占有数量仍处于较低水平。2012年中国人均奶类占有量仅为28.57千克，人均牛奶占有量仅为27.65千克，低于世界平均水平（95.4千克），更是远低于澳大利亚的人均奶类占有量（760千克）；而全球每万人占有奶牛196头，中国仅为107头，每万人占有奶牛头数与世界平均水平相差 89 头。2016 年中国的牛奶产量（3 570 万吨）不到肉类产量（8 625 万吨）的 1/2，而发达国家的牛奶产量一般是肉类的 2 倍以上，因此相对于美国、澳大利亚、新西兰等发达国家，中国牛奶产量还有巨大的增长空间，这也表明中国仍然是奶业大国，离奶业强国还有很长的距离。

5.1.2　中国乳业在国民经济中的地位

奶业已经成为了中国现代农业和食品工业中最具潜力和增长最快的一个产业。面对"十三五"新形势，从 2017 年初《全国奶业发展规划（2016 ~ 2020 年)》的出台，春节后中央"一号文件"的发布，以及到近期奶业振兴"五大行动"的部署，一连串明显的政策信号无不体现了政府对奶业的高度重视。中国奶业正处于发展的重要战略机遇期。

从 2000 ~ 2010 年，中国奶牛养殖业迅速发展，奶牛养殖业产值从 2000 年的 166 亿元上升到 2010 年的 1 120 亿元（见表 5 - 2），每年平均增加 86.73 亿元，年均涨幅达 19.75%。奶牛养殖业产值占畜牧业产值的比重从 2000 年的 2.25% 上升到 2010 年的 5.37%，同时乳品工业总产值也从 2000 年的 195.45 亿元上升到 2010 年的 1 949.50 亿元，上涨了近 10 倍。但是乳品工业总产值占食品制造业产值的比重近十年来变化不大，且从 2006 年的 23.30% 开始逐年下降，到 2010 年仅为 17.18%。这表明，11 年来中国奶牛养殖业通过结构调整，从小规模散养走向规模化发展道路，促使乳品生产迅速膨胀，而乳品企业加工规模的扩大速度不及奶类生产扩大的速度，导致乳品工业总产值在食品制造业产值中的占比落后于奶牛养殖业产值在畜牧业产值中的占比。

表5-2　　　　　　　　　中国奶业在国民经济中的地位　　　　　　　　单位：亿元

年份	奶牛养殖业产值	畜牧业产值	占比（%）	乳品工业总产值	食品制造业产值	占比（%）
2000	166.00	7 393.10	2.25	195.45	1 442.52	15.02
2001	224.52	7 963.10	2.82	291.68	1 627.70	17.92
2002	280.08	8 454.64	3.31	373.60	1 967.31	18.99
2003	332.00	9 538.80	3.48	521.82	2 290.07	14.50
2004	503.00	12 173.80	4.13	663.25	2 899.08	17.35
2005	572.97	13 310.78	4.30	891.21	3 779.39	15.16
2006	660.49	13 640.15	4.84	1 098.45	4 714.25	23.30
2007	835.68	16 124.93	5.18	1 329.01	6 070.96	21.89
2008	1 015.00	20 583.56	4.93	1 490.71	7 716.54	19.32
2009	1 065.00	19 468.36	5.47	1 668.11	9 219.24	18.09
2010	1 120.00	20 870.00	5.37	1 949.50	11 350.64	17.18

资料来源：2012年中国奶业统计资料。

　　由于2008年底"三聚氰胺"事件的发生，乳业受到了巨大的打击，从2008年开始奶牛养殖业产值增速放缓，2009年仅比2008年增长了50亿元。奶牛养殖业产值在畜牧业产值中的比例从2007年的5.18%，下降到2008年的4.93%，下降了0.25个百分点。同时，受到"三聚氰胺"事件影响的还有乳品工业总产值，由于伊利、蒙牛等大型乳品加工企业2008年和2009年亏损巨大，因此在一定程度上影响了乳品工业总产值的增长速度，同时乳品工业总产值占食品制造业产值的比重也由2007年的21.89%下降到2008年的19.32%，2009年这一比例更是下降到18.09%。但是随着2009年消费者信心缓慢恢复，奶牛养殖者开始恢复生产，乳品加工企业也开始正常盈利，2010年奶牛养殖业产值比2009年增加了55亿元，奶牛养殖业产值占畜牧业产值的比例也从2009年开始恢复到5%以上。从2010年总体趋势来看，中国奶业目前发展势头良好，发展潜力巨大。

5. 2

中国乳业生产状况

5. 2. 1　生产模式方面

随着中国奶畜年末存栏数不断增长，奶牛单产水平不断提高，中国奶业正在快速由传统散养方式向现代规模化养殖方式转型。本书中提到的"散养户"或者"小奶户"均是指奶牛养殖头数在 20 头以下（包括 20 头）的农户。2000 年中国奶牛年末存栏数由 489 万头增加到 2005 年的 1 216 万头（见图 5 - 1），增加了 727 万头奶牛，增长率为 148.67%；2005～2010 年奶牛存栏数增长了 16.78%；2011～2014 年奶牛存栏数增加了 5.55%，增长速度虽然明显下降，但是仍然保持上升趋势。2015 年奶畜年末存栏数达到 1 594 万头，同比增加了 8.44%（见图 5 - 1）。

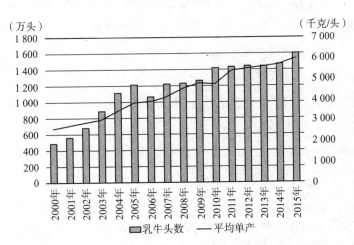

图 5 - 1　2000～2011 年中国年末奶牛存栏数及平均单产

2000 年中国每头奶牛平均产奶量仅为 2 605 千克，2010 年奶牛平均单产为 4 760 千克，到 2015 年中国奶牛年平均单产达到 6 000 千克，比 2014 年增加了 5.26%，比 2010 年增加了 26.05%。目前中国奶牛养殖模式以农户分散经营和规模化养殖并行，2015 年 100 头以上奶牛规模养殖比重占到 48.3%。根据农业部监测，2016 年 100 头以上奶牛规模养殖比重首次突破 50%，达到了 52%。大多数散养奶户分布在远离大城市的农村及远郊地区，其中以新疆、内蒙古、黑龙江居多。奶牛养殖方式逐步由农户小规模散养向适度规模化、集约化和标准化转型是中国现代奶业发展的必由之路。

1. 小奶户迅速退出市场

由于玉米饲料价格的上涨速度远远超过国内散养户的牛奶收购价格，人工、管理等养殖成本也逐渐上升，而散养户的资金有限，无法给奶牛饲喂优良的精饲料，加之奶牛养殖技术及管理技术比较落后，导致奶牛的单产水平较低，产奶量不高，进而导致小奶户牛奶生产成本上升，无利可图，因此奶牛散养户数量迅速减少；同时，由于从 2011 年起国家鼓励发展规模化奶牛养殖模式，提高生产效率，各地标准化养殖小区以及规模化牧场迅速发展，国家扶持大型乳品企业而放弃中小型乳企，使得那些专门收购散户奶源的中小型乳企倒闭。而国内大型乳企的产品结构不合理，它们大量进口国外大包奶粉或者到国外建厂，使用还原奶粉生产乳制品而导致国内奶源使用下降，散户无处交奶，倒奶杀牛频繁发生，不少不堪重负的小奶户顺应奶业当前的发展趋势纷纷退出市场。

虽然缺失了 2004～2006 年养殖规模在 1～5 头奶牛的奶户相关统计数据，从图 5-2 依然可以看出，2003～2010 年奶牛养殖规模在 20 头以下的奶户数量巨大，并且占主导地位，奶牛存栏数为 1～5 头规模的小奶户数量在不断下降，6～20 头养殖规模的奶户数量在不断增加。虽然规模化奶牛场的数量逐年增加，但是其所占的比例微乎其微。从图 5-2 可以看到，2003 年，奶牛存栏头数在 20 头以下的奶户占全国奶牛存栏的 97.82%，全国约有这样的农户 173.53 万户。其中奶牛存栏数为 1~5 头规模的小奶户数量占全部奶牛养殖户的比例为 85.17%，6~20 头养殖规模的奶户的比例为 12.65%。但是奶牛养殖规模在 21~100 头的奶户所占的比例仅为 1.98%，养殖规模在 200 头以上的奶户所占比例不到 0.1%。这表明小规模散养奶牛是当时全国最主要的奶牛养殖方式，而 1~5 头养殖规模的奶户所占比例最大。

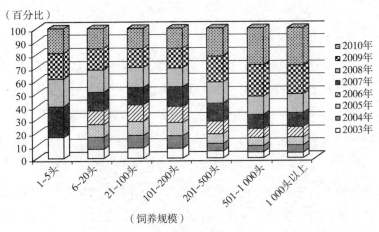

图 5-2　2003~2010 年各奶牛养殖规模的奶户数量变化情况

2007 年与 2003 年相比，奶牛存栏头数在 20 头以下的奶户虽然增加了 86.93 万户，但是其占全国奶牛存栏的比例却从 97.82% 下降到 97.60%，其中养殖规模在 1~5 头奶牛的奶户所占比例下降为 80.93%，而养殖规模处于 6~20 头的奶户所占的比例，从 2003 年的 12.65% 明显上升为 16.67%。这表明这一时期，奶牛存栏数在 5 头以下的奶户正在逐步退出市场。到 2010 年这一趋势更加明显，2010 年与 2007 年相比，奶牛存栏头数在 20 头以下的奶户占全国奶牛存栏的比例从 2007 年的 97.60% 下降到 2010 年的 96.74%，减少了 36.98 万户。其中 1~5 头养殖规模的奶户所占比例下降到 75.79%，减少了 40.88 万户；6~20 头的奶户所占的比例上升到 20.95%，增加了 3.9 万户（见图 5-2）。

根据国家统计数据可知，与规模化养殖方式相比，散养奶牛的单产水平较低。2003 年奶牛存栏数为 20 头以下的奶户牛奶产量约为 1 152 万吨，平均每户约产奶 6.64 吨，奶牛年平均单产水平较低为 1 806 千克。而存栏数在 101～200 头以上的规模化牧场，平均每户年产奶 381.35 吨，奶牛平均单产水平为 2 719 千克；500 头以上的大规模牧场平均每户年产奶 3 212.94 吨，奶牛年平均单产水平较高为 3 157 千克。

2. 规模化牧场迅速发展

由于奶牛散养方式下奶牛的单产和原奶的质量都不高，而规模化奶牛养殖企业在奶牛育繁、饲养管理、牛奶生产等诸多方面与小规模散养模式相比具有明显的优势。中国 2006 年存栏数在 101～200 头以上的规模化牧场，平均每户年产奶 419.72 吨，奶牛平均单产水平为 2 879 千克；500 头以上的大规模牧场平均每户年产奶 3 423.82 吨，奶牛年平均单产水平较高为 3 349 千克。这表明随着奶牛养殖的规模化程度加深，奶牛单产及牛奶产量均有明显增加。因此推进奶牛养殖的规模化已成为转变增长方式、保障乳制品质量安全以及实现经济效益、社会效益和生态效益统一的必然选择。在国家有关扶持政策的推动下，各地纷纷加快发展规模化养殖，奶牛规模养殖的比重不断提高。2015 年 100 头以上规模养殖比重达到 48.3%，比 2013 年的 41.07% 提高了 7.23%。2013 年存栏 500 头以上的比例达到 27.71%，比 2002 年的 5.47% 上升了 22.24%；年存栏 1 000 头以上的比例达到 17.79%，比 2002 年的 2.92% 增加了 14.87%（见图 5-3）。

由于 2014～2016 年国内原奶长期供不应求，加之中国生鲜乳价格和国际价格差距很大，导致国内奶价受国际原奶贸易冲击明显。2014～2016 年生鲜乳收购价格持续走低（见图 5-4），从 2008～2015 年，除了 2013 年新西兰牛奶和奶粉因为肉毒杆菌事件无法进口，乳品企业闹奶荒以外，7 年时间乳品企业减少了约 20% 的牛奶收集量，在支付给养殖散户的生鲜乳收购价格上降低了 10%。

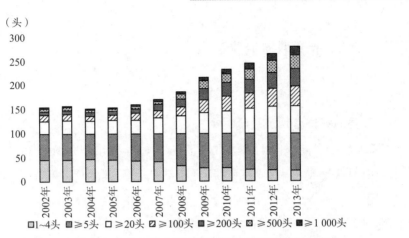

图 5 - 3　2002 ~ 2013 年各奶牛饲养规模的年存栏数量变化情况

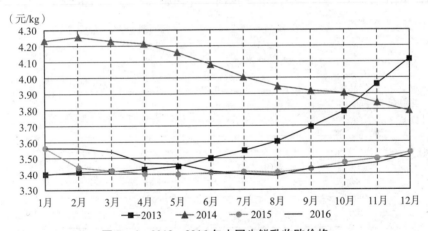

图 5 - 4　2013 ~ 2016 年中国生鲜乳收购价格

　　2016 年，大约 50% 的中国奶牛场在一直在亏本运营，约 60% ~ 70% 的牛奶产量来自规模化奶牛场，而中间小型乳品农场占据剩下的 30% ~ 40%，使得奶牛养殖散户快速退出行业。由于散户退出得很快，奶牛群体规模预计将减少 800 万头，据推算荷斯坦奶牛实际存栏已下降为 600 万头左右，产业将进一步集中形成更大的奶牛场。

5.2.2 产量供给情况

1. 原料奶产量增速放缓

2007 年至今，中国的奶类产量和牛奶产量增速放缓。自 2014 年以来，中国从澳大利亚和新西兰不断进口奶牛及其后代。2015 年中国的奶类产量和牛奶产量分别达到 3 905 万吨和 3 755 万吨（见图 5 - 5），由于泌乳期奶牛（泌乳牛是正在泌乳期的成母牛）存栏量由 2015 年的 840 万头下降至 2016 年的 800 万头，导致 2016 年牛奶产量下降至 3 570 万吨，同比下降 4.9%。2017 年，预计我国泌乳期奶牛存栏量将继续下降，达到 750 万头。

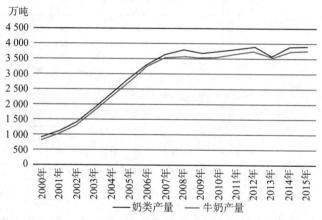

图 5 - 5 2000 ~ 2015 年中国奶类产量及牛奶产量

2. 乳制品产量稳步增长

2000 ~ 2016 年，中国乳制品产量增长速度较快，乳制品产量从 2000 年的 217 万吨上升至 2016 年的 2 993.2 万吨，增加了 2 776.2 万吨（见图 5 - 6）。

2016 年中国乳制品产量同比增长 7.7%，比 2015 年上升 3.1%。由于三聚氰胺事件以及 2013～2014 年度"奶荒"的影响，消费者信心尚未得到完全恢复，乳品企业加大高端液态奶的生产比例，影响了中国乳制品消费量的增加。由于乳制品产量与乳制品消费之间存在显著的相关性，因此 2008 年和 2014 年乳制品产量增速分别为 -0.5% 和 -1.2%。从具体产量来看，2014 年干乳制品产量实际上下降到了 2006 年的水平，而到 2016 年甚至下降到 226.90 万吨。

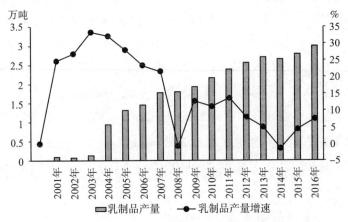

图 5 - 6　2000～2016 年中国乳制品产量及增速图

2016 年，中国液态奶产量为 2 766.30 万吨，占比为 92.42%，同比上涨 1.82%（见表 5 - 3）；干乳制品产量为 226.90 万吨，仅占 7.58%，同比下降 1.81%。从产量占比来看，2000～2016 年液态奶产量上涨速度较快，占比不断增加；而由于干乳制品产量的 1/3 约为奶粉产量，2008 年中新贸易协定签署之后以及 2015 年底中澳自贸协定生效，导致中国干乳制品生产受到国外进口乳制品，尤其是奶粉产品的冲击，产量所占份额逐年缩小。

表 5 - 3		2000～2016 年中国乳制品产量			单位：万吨，%	
年份	乳制品产量	液态奶			干乳制品	
		产量	占比		产量	占比
2000	217.00	134.10	61.80		82.90	38.20
2005	1 310.42	1 145.79	87.44		164.63	12.56
2008	1 810.56	1 525.23	84.24		285.33	15.76
2010	2 159.60	1 845.80	85.47		313.80	14.53
2014	2 651.82	2 400.12	90.51		251.70	9.49
2015	2 782.50	2 521.00	90.60		261.50	9.39
2016	2 993.20	2 766.30	92.42		226.90	7.58

资料来源：中国奶业年鉴（2002 - 2015 年），FAO，CLAL。

根据中国奶业统计资料数据，我国乳制品行业 2015 年实现收入 3 329 亿元，同比增长 0.93%，实现利润总额 242 亿元，同比增长 7.25%。2015 年，规模以上乳制品企业（年销售额 2 000 万元以上）638 家，比 2008 年减少 177 家，婴幼儿配方乳粉企业 104 家，比 2011 年减少 41 家。奶业 20 强企业产量和销售额占全国 50% 以上。奶农专业合作组织超过 1.5 万个，是 2008 年的 7 倍多。

5.2.3 生产成本方面

1. 生鲜乳原料价格不断上涨

乳业的快速发展推动对饲料粮需求的增加，从而促使粮食总体需求的增加。在奶牛精饲料中玉米约占 50%、豆粕约占 20%、杂粮约占 10%、麸皮约占 15%、其他成分约占 5%。其中玉米构成对粮食的直接需求；麸皮是小麦的副产品，对麸皮的需求同样构成对粮食的间接需求；豆粕是大豆榨油以后的副产品，因此对豆粕的需求构成对粮食的间接需求。而杂粮主要属于油料作物产品，因此对杂粮的需求不构成对粮食的需求。

2006～2012 年，中国玉米、豆粕、小麦麸皮的收购价格不断上涨。首先，玉米价格从 2006 年 1 月的 1.26 元/千克缓慢上涨到 2008 年 7 月的 1.80 元/千克（见图 5-7），随即玉米价格明显短暂下跌，2009 年 2 月下降到 1.54 元/千克，之后玉米价格不断迂回攀升，到 2010 年 5 月达到 2.03 元/千克，突破了每千克 2 元钱的高价。从 2010 年 10 月到 2011 年 10 月，一年内玉米收购价格持续迅速上升，从 2.07 元/千克上涨到 2.45 元/千克，增长率为 18.36%。2011 年 10 月到 2012 年 2 月玉米价格小幅回落至 2.35 元/千克，此后一直到 2012 年 8 月（数据统计截止时间），玉米价格一直上涨至 2.55 元/千克，增长率为 8.5%。由此可以预测，受到国际玉米价格上涨的影响，国内玉米价格还会呈上涨趋势。

豆粕的收购价格整体明显高于玉米及小麦麸皮的收购价格，甚至高于牛奶的收购价格，而且价格涨跌幅度波动较大。豆粕收购价格从 2006 年 1 月的 2.73 元/千克先下跌到 8 月的 2.49 元/千克（见图 5-7），随后在波动中迅速上涨，至 2008 年 7 月，达到目前的最高值 4.64 元/千克。从 2006 年 1 月到 2008 年 7 月价格增长率达到 69.96%；随后豆粕价格曲折下跌至最低值，到 2010 年 7 月仅为 3.32 元/千克，跌幅为 1.32 元/千克，下降了 39.76%；到 2010 年 11 月经过一个短暂快速上升之后，豆粕收购价格从 3.75 元/千克缓慢下跌到 2011 年 12 月的 3.42 元/千克，跌幅较小为 0.33 元/千克；此后豆粕价格开始迅速攀升，到 2012 年 8 月达到 4.20 元/千克，涨幅较大为 0.78 元/千克，增长率达到 22.81%。根据该价格上涨趋势可以初步判断，豆粕的收购价格仍将继续攀升。

相对于玉米及豆粕的价格来说，小麦麸皮的收购价格最低，并且六年来其价格呈缓慢上升趋势，从 2006 年 1 月的 1.24 元/千克到 2012 年 8 月仅曲折上涨到 1.96 元/千克，涨幅仅为 0.72 元/千克。

通过对比生鲜乳收购价格及玉米、豆粕、小麦麸皮收购价格可以发现，生鲜乳收购价格主要受到以上三种牛奶原料收购价格的影响。从 2006 年 1 月到 2008 年 3 月，生鲜乳收购价格与豆粕收购价格走势基本一致（见图 5-7），从 2008 年 3 月到 2012 年 8 月，生鲜乳收购价格与玉米收购价格的变化趋势基本相符，不过玉米的收购价格变化比原奶的收购价格变化滞后一段时间。

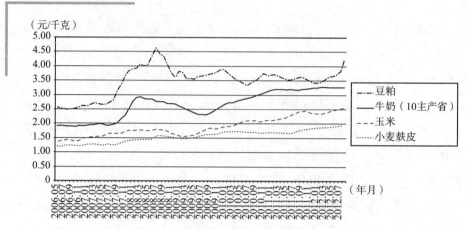

图 5 – 7　2006～2012 年全国各月份原奶及玉米、豆粕、小麦麸皮收购价格

2016 年，玉米平均价格为 1.95 元/千克，同比连续 18 个月回落，截至 2017 年 2 月继续下跌 11.1%（见图 5 – 8）。豆粕的收购价格整体明显高于玉米的收购价格，而且涨跌幅度波动较大。2015 年豆粕价格呈连续跳水态势，从 1 月的 3.73 元/千克一直下跌到 12 月的 3.10 元/千克；从 2016 年 4 月豆粕价格从 2.98 元/千克开始反弹，到 12 月已经上涨到 3.69 元/千克。2017 年 2 月份，豆粕平均价格为 3.56 元/千克，同比上涨 15.1%，连续 9 个月反弹（见图 5 – 9）。

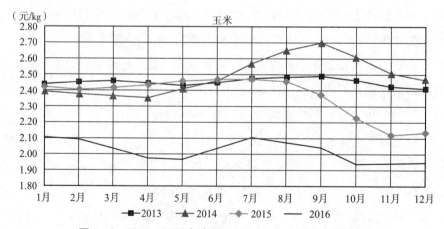

图 5 – 8　2013～2016 年全国 1 月～12 月份玉米收购价格

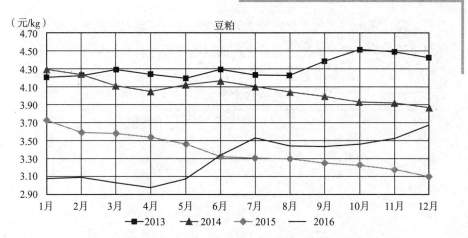

图 5－9 2013～2016 年全国 1 月～12 月份豆粕收购价格

2. 规模化牧场生产成本高

由于新西兰和澳大利亚的气候条件和自然资源优越适宜，为奶牛饲养提供了得天独厚的条件。新西兰及澳大利亚的奶牛饲养业主要是草场放牧的饲养方式，在正常的气候条件下，奶牛饲料的75%来自牧草，奶牛的饲料成本只占原奶生产总成本的15%左右。这使得两国的奶业具有低成本、高质量的牛奶生产优势。

自2000年以来，中国生鲜乳的生产成本呈快速上涨趋势，2012年各规模奶牛每50千克的生鲜乳生产成本比2004年平均增加了84.7%以上。2012年散养奶户每50千克生鲜乳的生产成本比2004年高了89%，而中规模奶牛奶户的生产成本比2004年上升了82%，大规模奶牛养殖场的生产成本高了77.26%。中国奶牛养殖散户由于可以利用农副产品，因此牛奶生产成本比较低，2012年为125.79元/50千克（见表5－4）。但是中等规模以及大规模奶牛场的牛奶生产成本每50千克分别为143.45元和155.11元，而且规模越大的牧场其生产成本越高，即小规模奶牛生鲜乳的生产成本低于中规模奶牛生鲜乳的生产成本，而中规模奶牛的生鲜乳生产成本低于大规模奶牛生鲜乳的生产成本。目前奶牛的规模化养殖已经成为中国奶业现代化发展的必经之路，未来随着规模化牧场数量和规模进一步扩大，生鲜乳的生产成本还将继续提高，并且随着生鲜乳生产成本的攀升，收购价格也在不断上涨。

表5－4　　　2004～2012年中国不同规模奶牛生鲜乳生产成本　　　单位：元/50千克

年份	散养奶牛	小规模奶牛	中规模奶牛	大规模奶牛
2004	66.54	67.00	78.79	87.50
2005	69.54	68.18	82.01	88.40
2006	73.46	69.68	85.90	89.75
2007	81.98	79.80	95.51	97.25
2008	91.68	89.04	100.94	113.02
2009	93.65	94.18	106.56	115.35
2010	105.54	103.09	122.84	127.58
2012	125.79	127.84	143.45	155.11

注：散养指饲养规模≤10头；小规模指10头＜饲养规模≤50头；中规模指50头＜饲养规模≤500头；大规模指＞500头。2004年以前该统计指标的奶牛规模是按照国营集体牛场和农村专业户进行分类统计的。

资料来源：《中国奶业年鉴（2001～2013年）》。

根据国家奶牛产业技术体系监测数据显示，从2013年末到2016年末，示范牛场的生鲜乳生产成本在不断下降（见表5－5），但是由于生鲜乳的收购价格下降速度更快，导致每千克原奶的利润从2013年的0.92元下降至2016年的0.27元。

表5－5　　　2013～2016年国家奶牛产业技术体系示范牛场监测数据　单位：元/千克

监测时间点	价格	成本	利润
2013年12月	4.70	3.78	0.92
2014年12月	4.15	3.76	0.39
2015年12月	3.86	3.56	0.30
2016年12月	3.78	3.51	0.27

资料来源：国家奶牛产业体系示范牛场监测数据。

　　综上所述，由于中国奶牛单产水平较低、饲料价格不断上升，导致奶牛养殖成本以及生鲜乳的生产成本显著上涨，进而直接导致牛奶较高的收购价格以及乳制品较高的销售价格，与新西兰、澳大利亚等奶业发达的国家相比，从任何一个方面来讲中国的乳业发展都处于弱势地位。这同时也促进了中国乳制品的进口需求。

　　在全球化日益发展的今天，如果中国不能降低牛奶生产成本，那么势必就要让出部分市场。目前国外低成本优质奶冲击的主要是国内奶粉市场，但很有可能会蔓延到液体奶市场，因为澳大利亚正在向南亚和东南亚出口 UHT 液体奶（大约占其 UHT 牛奶产量的 15%）。如果中国牛奶生产成本无法下降，中澳 FTA 建立之后对中国液体奶市场的冲击更是巨大的、难以避免的。因此，中国在奶业发展中，必须找到低成本奶业之路，这是在全球化背景下中国奶业生存和发展的主要条件。

3. 牛奶收购价格下降

　　从 2011～2016 年，中国生鲜乳收购价格[①]呈先快速上升再快速下跌随后缓慢回升的走势。2013 年从 4 月开始价格有了明显地上升，到 2014 年 2 月达到最高点 4.26 元/千克，比 2013 年 7 月的价格上涨了 20%（见图 5-10）。

　　从图 5-10 中可以看出，2013 年 1 月到 12 月生鲜乳收购价格从 3.40 元/千克持续上涨到 4.12 元/千克，增长率达到 21.18%。2014 年的收购价格从 1 月的 4.23 元/千克逐步下跌至 12 月的 3.79 元/千克，跌幅达 10.4%。而 2015 和 2016 年生鲜乳收购价格低迷，一直在 3.56 元/千克到 3.40 元/千克之间波动，并且 2017 年 1 月的价格达到 3.54 元/千克，这表明国内生鲜乳收购价格有缓慢回升的趋势。

---

　　① 中国生鲜乳收购价格为农业部监测 10 个主产省（包括河北、河南、山东、山西、黑龙江、辽宁、新疆、内蒙古、陕西、宁夏）生鲜乳的平均收购价格。

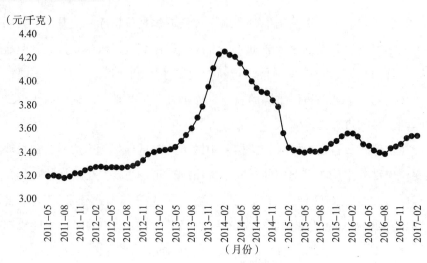

（元/千克）

（月份）

图 5 - 10　2011～2016 年中国生鲜乳收购价格

从 2004/05 年生产季到 2010/11 生产季，无论是新西兰还是澳大利亚生奶收购价格都呈缓慢上涨趋势。与 2004/05 生产季相比，两国在 2010/11 生产季的收购价格涨幅都接近 38%（见表 5 - 6），并且澳大利亚生奶收购价格始终低于新西兰。美国、法国、德国和荷兰 2010 年生鲜乳的收购价格均比 2005 年有所下降，但是与中国生鲜乳收购价格相比，以上国家生奶的收购价格具有明显的竞争优势，尤其是新西兰及澳大利亚。2010/11 生产季，新西兰和澳大利亚生奶的收购价格均没超过 3 元/千克，而中国 2010 年 10 月之后的生鲜乳收购价格就已经突破每千克 3 元，2011 年生鲜乳收购的月平均价格为 3.20 元/千克，2012 年 1～8 月平均收购价格更是高达 3.27 元/千克（图 5 - 10）。这个价格不仅比澳大利亚高，而且基本上高于大部分欧美奶业发达国家的收购价格，竞争力明显不足。

表 5 - 6　　　　　　　　　主要国家原料奶收购价格　　　　　　单位: 元/千克

国家	2005 年	2009 年	2010 年
新西兰	2.04	2.67	2.81
澳大利亚	2.00	2.31	2.75
美国	2.74	1.93	2.43
德国	2.81	2.41	2.78
荷兰	–	3.50	3.30
法国	3.15	2.56	2.69
中国	–	3.15	3.64

注: "–" 代表缺失值。
资料来源: 2012 中国奶业统计资料。

从整体价格走势来看, 美国原奶收购价格高于其他三个国家或地区 (见图 5 - 11)。国际原奶价格的 "晴雨表" ——新西兰 - 恒天然牛奶农场价格 2015 年全年波动幅度较小, 基本稳定在 32.69 ~ 39.91 纽元/100 千克之间; 从 2016 年 1 月初开始下跌, 到 7 月初的最低点 32.69 纽元/100 千克, 随后上涨到 12 月的 49.79 纽元/100 千克, 涨幅超过 52%。

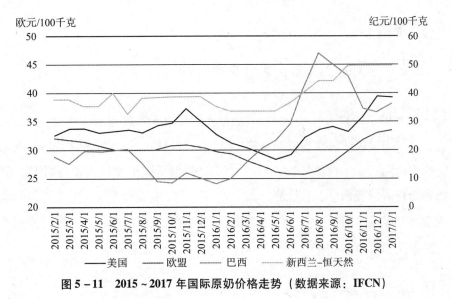

图 5 - 11　2015 ~ 2017 年国际原奶价格走势 (数据来源: IFCN)

美国和欧盟的原奶价格均从 2016 年 5 月份的最低点 28.26 欧元/100 千克和 26.22 欧元/100 千克上涨到 12 月的 39.31 欧元/100 千克和 33.05 欧元/100 千克，增速分别超过 3 954% 和 26%。巴西原奶收购价格在 2015 ~ 2017 年之间波动幅度较大，在 2016 年 8 月初达到最高值（47.04 欧元/100 千克）。从 2017 年 1 月的收购价格来看，美国的原奶价格处于最高（39.26 欧元/100 千克），其次是巴西（38.19 欧元/100 千克），然后是欧盟（33.38 欧元/100 千克），最后是新西兰（33.36 欧元/100 千克）。

作为典型的农产品，鲜奶会维持农产品固有的特性，即在产业链中价格信号的传递都是会延迟、低效的，但一旦价格开始向上，则进入一个上升的通道。尽管市场供求处于弱平衡状态，供给端压力仍然很大，但国际原奶价格触底上涨趋势明显，主要是由于原奶供需已经进行深度调整。

5.3

消费需求情况

5.3.1 人均液态奶消费量增长

从 1995 ~ 2012 年，中国城镇居民家庭人均乳制品消费支出逐年上升，这表明中国城镇居民人均乳制品消费金额增长较快，但其所占食品消费支出的比重仍然很小。总体来看，1995 ~ 2012 年中国城镇居民人均鲜乳品、酸奶和奶粉的消费量呈上升趋势（见表 5 - 7），其中奶粉尤其是进口奶粉的消费金额上涨速度明显加快。由于人均奶粉消费支出不断增加，人均奶粉消费数量也在相应增加。

表 5 - 7　1995 ~ 2012 年中国城镇居民家庭人均乳制品消费支出及购买量 单位：千克

年份	乳制品消费支出（元）	乳制品消费支出占食品消费支出的比重（%）	鲜奶	奶粉	酸奶
1995 年	31.43	1.77	0.35	0.35	0.26
2000 年	68.57	3.48	0.49	0.49	1.12
2005 年	138.62	4.76	0.52	0.52	3.23
2010 年	198.47	4.13	0.45	0.45	3.67
2011 年	234.01	4.25	0.53	0.53	3.67
2012 年	253.57	4.20	0.50	0.50	3.46

资料来源：2014 年中国奶业统计年鉴。

　　尼尔森数据显示，2015 年中国 6 个月大的婴儿母乳喂养率为 28%，低于世界平均水平 38%，也低于日本 51%。婴幼儿配方乳粉是重要的母乳替代品，二胎政策放开后，中国每年约有 1 700 万新生婴幼儿，因此中国对婴幼儿配方乳粉的消费需求很大。根据意大利的分析机构 CLAL 的最新统计显示，在 2011 ~ 2015 年，人均液态奶消费增长了 21.7%，人均奶粉消费增长了 11.4%。在 2013 ~ 2015 年期间中国人均液态奶消费增长了 9.2%，而同期人均奶粉消费下降了 17.5%，且全脂奶粉消费量没有变化（见表 5 - 8）。

表 5 - 8　　　　　　　　　2011 ~ 2015 年中国人均乳制品消费量　　　　　　单位：千克

乳制品	2011	2012	2013	2014	2015
液态奶	15.12	15.91	16.85	17.47	18.40
奶粉	1.40	1.52	1.89	1.86	1.56

资料来源：CLAL。
注：奶粉包括全脂奶粉、脱脂奶粉和婴幼儿配方奶粉。

　　2016 年，中国人均奶类消费水平折合生鲜乳只有 36.3 公斤，比 2015 年增加了 0.2 公斤，比 2008 年增加 5.9 公斤，牛奶消费增长非常缓慢，而且农村比城市更为缓慢。按照国际标准，中国人均奶类消费水平仍然很低，不到世界平均水平的 1/3、亚洲平均水平的 1/2。中国人均奶类消费量与欧美国家的人均消费量（250公斤以上）相比较差距甚远，仅和周边的韩国、日本、中国台湾的人均奶类消费量（60~80公斤）相比也相去甚远。

中国牛奶消费仍有很大的增长潜力，但是消费者对食品安全的担忧仍然会拖累消费需求的增加。目前，发展迅速的电子商务已经成为进口超高温灭菌奶（UHT）牛奶的一个主要分销渠道，它可以很容易地达到中国二三线城市，而且由于分销商无需支付相关超市的采购费用，因此牛奶价格更低，这将会添加更多的潜在消费者。

5.3.2 乳制品消费增长较快

2015年，在全球全脂奶粉消费中，中国消费全脂奶粉约191万吨（占比最高为48%），2016年达到193.8万吨（占比约50%），其次是新西兰23%，欧盟12%，巴西11%。2016年中国全脂奶粉产量与消费量之间约56.3万吨的缺口全部依赖进口填补，2017年中国全脂奶粉消费量上涨至197.7万吨（见表5-9）。

表5-9　　　　　　　　　　2010~2017年中国乳制品消费量　　　　　　　单位：千吨

乳制品	2010	2011	2012	2013	2014	2015	2016	2017 *
全脂奶粉	1 383	1 441	1 547	1 746	1 845	1 910	1 938	1 977
原奶	30 522	31 996	34 027	35 909	39 094	39 485	37 930	37 280
脱脂奶粉	144	186	225	289	300	244	220	220

注："*"代表估算值。
资料来源：USDA。

中国在全球液态奶消费中占比9%，位于印度（占比33%）、欧盟（占比19%）、美国（占比15%）之后，位居世界第四位。2014年中国原奶消费量从3 909.4万吨下降到2017年的3 728万吨。2010~2017年，中国原奶消费量增速从2012年的6.3%上升到2014年的8.9%速度较快，从2014年的 8.9% 下降到 2016 年的 – 3.9%，2017 年预计我国原奶消费量将下降 1.7%，降幅收窄 2.2 个百分点，达到 3 728 万吨（见图 5 – 12）。

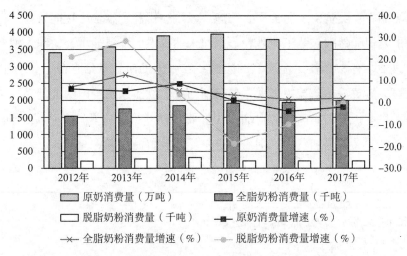

图 5 – 12　2012 ~ 2017 年中国乳制品消费量及增速

在脱脂奶粉消费中，中国仅占 4%，欧盟占比最高 29%，其次是美国 18%，印度 9%，新西兰 7%，澳大利亚 5%。中国脱脂奶粉消费量从 2010 年的 14.4 万吨快速上升到 2014 年的 30 万吨，2015 年同比下降 18.67%，2016 年同比下降 9.84%，预计 2017 年脱脂奶粉消费量与 2016 年持平。

5.3.3　乳制品附加价值上升

由于国内乳制品消费数量没有明显上涨，同时乳制品的消费金额在不断上涨，这表明，一方面由于全球乳制品需求在不断上涨，乳制品的生产成本在不断上升，因此乳制品价格水涨船高；而另一方面，表明乳制品所含的附加价值越来越高。世界乳业的增长模式分为两种：一种是以欧盟、美国和日本等为代表的附加值推动增长模式，一种是以亚洲、中东和南美洲地区为代表的销量推动增长模式。乳业发达国家抓住乳品中最好的东西生产饮用奶、营养奶粉、奶油、酸奶、高档奶酪及冰激凌等，产品范围广泛，可以满足不同消费者的需求。目前中国进口奶粉的70%来自新西兰，国内市场上的一些著名品牌：美赞臣、多美滋、三鹿、蒙牛、伊利、雅培、达能、益力等都采用的是恒天然大包装工业乳粉。据恒天然提供的资料显示，中国人消费的比萨饼中，有80%使用恒天然的奶酪；在中国的西式烘焙食品中，有70%使用恒天然黄油。随着中国大量进口新西兰、欧盟以及美国的乳制品，中国消费者将承担乳制品高昂的附加费用。要想在获得优质乳制品产品的同时，又降低乳制品的附加费用，则需要进一步开放贸易市场。

5.4

乳制品供给与需求不协调

近年来，随着中国奶牛养殖方式开始逐步调整，原奶和乳制品的产量均有所增加，2012年牛奶产量达到3 744万吨，乳制品产量为2 545.19万吨，分别同比增长了2.41%和6.6%，液态奶产量在乳制品产量中所占比重2012年上涨至84.33%，同比下降了2%。根据美国农业部（USDA）的报告，2014年世界液态奶消费量为56 989.8万吨，人均液态奶消费量为80.9千克，其中中国大陆液态奶消费量为3 777.8万吨，人均消费量为28千克，高于中国台湾，但是远低于日本（58.2千克）和韩国（44.6千克），这表明国内消费者对乳制品消费需求旺盛。

中国液态奶消费量占液态奶产量之比发生明显变化，从2000年的91.7%上升到2005年的99.9%（见表5-10），但是从2008年开始比重明显下降，到2012年液态奶消费量仅占液态奶产量的89.1%。而近三年中国液态奶及干乳制品的进口量均在迅速增加。液态奶的进口量从2008年的0.82万吨上升到2009年的1.43万吨，2012年激增至10.17万吨；干乳制品从2008年的34.25万吨上涨至2012年的104.39万吨，年均增长率达到

38%。这表明由于中国乳制品目前的生产还存在一些不完善的地方,虽然国内消费者出于液态奶产品比较短暂的保鲜期考虑,仍主要消费国内生产的液态奶产品,但是该消费比例已经开始下降,而对于干乳制品的消费需求则有相当大的部分是由进口乳制品来填补,尤其是消费者对于各种配方奶粉的消费量激增,这也导致人均乳制品消费支出较快增长。

表 5 – 10　　　　　　　　中国液态奶消费量占产量之比　　　　　单位: 万吨, %

	2000	2005	2008	2009	2010	2012
消费量	123.0	1 145.0	1 066.2	1 253.8	1 280.9	1 911.9
产量	134.1	1 145.8	1 525.2	1 641.7	1 845.8	2 146.57
占比	91.7	99.9	69.9	76.4	69.4	89.1

资料来源: 2013 年中国奶业统计资料。

从 2004 ~ 2014 年,中国全脂奶粉(whole milk powder,简称 WMP)的人均消费量从 1.5 英镑上涨到 3.1 英镑,增长了一倍多。2015 年,在全球全脂奶粉消费中,中国消费全脂奶粉约 191 万吨(占比最高为 48%),2016 年此消费量达到 193.8 万吨(占比约 50%),其次是新西兰 23%,欧盟 12%,巴西 11%。2016 年中国全脂奶粉产量与消费量之间约 56.3 万吨的缺口全部依赖进口填补(见表 5 – 11)。

表 5 – 11　　　　2012 ~ 2016 年中国全脂奶粉和脱脂奶粉消费及占比情况

单位: 千吨, %

产品	指标	2012	2013	2014	2015	2016
全脂奶粉	消费量	1 547	1 746	1 845	1 910	1 938
	占比	44.25	47.64	48.69	48.07	50.29
	产量	1 160	1 200	1 350	1 617	1 375
	占比	25.78	26.20	27.04	31.63	29.26
	进口量	406	619	671	347	395
	占比	38.45	52.55	55.45	34.32	39.78

续表

产品	指标	2012	2013	2014	2015	2016
脱脂奶粉	消费量	225	289	300	244	220
	占比	6.52	8.29	8.35	6.44	5.87
	进口量	168	235	253	200	180
	占比	15.67	20.47	21.48	16.85	14.63

注：脱脂奶粉是指 Nonfat Dry Milk Production。
资料来源：USDA。

在脱脂奶粉消费中，中国仅占 4%，欧盟占比最高 29%，其次是美国 18%，印度 9%，新西兰 7%，澳大利亚 5%。中国在全球液态奶消费中占比 9%，位于印度（占比 33%）、欧盟（占比 19%）、美国（占比 15%）之后，位居世界第四位。2017 年，中国消费者对国产牛奶的需求预计将保持不变，而对进口液态奶和乳制品的消费预计将保持强劲。

在这种情况下，未来中国规模化牧场的可持续发展会遇到许多挑战。一方面，规模化牧场的发展首先需要大量土地，而中国的土地资源本身就比较紧缺，寸土寸金，乳业规模化发展面临与粮争地的困境，在中国北方这一问题还不是很突出，但是在南方已经没有多余的土地用来建设大规模奶牛养殖牧场。另一方面，规模化牧场的成本比散户养殖高很多，投资大、收益慢，而目前规模化牧场的原奶收购价格每公斤仅比散户或者养殖小区高一块钱左右，在饲料成本居高不下的情况下，无法支撑规模化牧场的进一步发展。如果把奶价提高到规模化牧场可以盈利的水平上，则国内的乳制品企业就会越来越多地转向进口国外物美价廉的工业大包奶粉，用于乳制品的加工。此外，由于目前消费者偏好从国外进口的干乳制品，同时对小部分液态奶商品的消费也逐渐由国外进口产品替代，这样将会压缩本来所剩不大的国内乳制品的生产空间。因此未来规模化牧场生产出来的鲜奶可能无用武之地，因此规模化牧场的发展前景堪忧。

第6章

中国乳制品进口贸易现状及
影响因素分析

6.1
中国乳制品进口贸易现状及特征

6.1.1 乳制品贸易逆差扩大

随着欧盟取消牛奶生产配额、中国–新西兰自贸区乳制品关税继续减让和中国–澳大利亚自贸区协定全面实施，中国乳制品贸易逆差持续拉大（见表6-1）。2014～2016年逆差扩大速度加快，2016年乳制品进口量达到出口量的63倍多，同比增长21.4%。2016年的净进口量（157.79万吨）比2015年（192.47万吨）增长约22%。2017年1月份，乳制品进口数量为23.40万吨，环比增长51.3%，同比下降14.0%。但是受到乳制品贸易价格的影响，进口额呈下降趋势，2015年中国乳制品进口金额为31.8亿美元，同比下跌50.4%。

在乳品出口方面，2016年中国乳品出口量3.09万吨，同比减少7.2%，但出口额有所增加，比2015年的出口额（4 508万美元）增加6.7%。但是由于进口额快速上升，而出口额增速缓慢，因此中国乳制品贸易逆差额越来越大。从 1997 年到 2012 年乳制品贸易赤字额一直呈上升趋势,从 1997 年的 2 248 万美元上升到 1999 年的 1.1 亿美元,到 2009 年增至 9.7 亿美元,2012 年贸易逆差增至 31.31 亿美元。2015 年乳制品贸易逆差为 31.4 亿美元。

表 6-1 　　　　　1995~2016 年中国乳制品进出口情况 　　　单位:吨,万美元

年份	出口量	出口额	进口量	进口额	净进口量
1995	30 453.50	2 727.88	72 187.03	5 804.48	41 733.53
2000	47 958.03	5 007.41	218 838.70	21 469.99	170 880.67
2005	69 823.55	8 177.13	320 034.76	45 877.08	250 211.21
2010	33 760.81	4 394.22	745 293.54	196 952.44	711 532.73
2011	43 298.15	7 966.23	906 002.12	262 019.46	862 703.97
2014	74 548.00	32 400.00	1 450 000.00	644 700.00	1 375 452.00
2015	33 124.80	4 508.00	1 611 000.00	318 000.00	1 577 875.20
2016	30 900.00	-	1 955 600.00	-	1 924 700.00

注:"-"代表缺失值。
资料来源:2011 年国际农产品贸易统计资料,2015 年中国奶业统计资料。

2009~2016 年中国干乳制品进口量总体呈曲折上升趋势(见图 6-1), 2009 年干乳制品进口量为 5.827 万吨,2012 年上升到 10.439 万吨;从 2014 年 1 月的 21 万吨直线下跌到 10 月的 6.75 万吨,降幅超过 67.86%,随后反弹至 2015 年 1 月的 14.35 万吨。2015 年中国进口干乳制品 114.1 万吨,同比下跌 23.1%。2016 年 1 月干乳制品进口量从 22.5 万吨下降到 10 月的 6.75 万吨,然后从 2016 年 10 月开始反弹至 2017 年 1 月,干乳制品进口量为 19.77 万吨,环比增长 95.2%,同比下降 11.8%。

中国液态奶进口量总体上升速度很快、幅度较大。从 2009 年的 1 525.84 吨上升到 2012 年的 7897.1 吨,上升速度比较缓慢;从 2013 年开始液态奶进口量一直上涨,到 2015 年进口量达到 47.0 万吨,同比增长 42.8%;直到 2016 年 4 月达到历史最大值(约 68 000 吨),然后开始下降至 2017 年 1 月,液态奶进口量为 3.63 万吨,环比下降 32.1%,同比下降 24.5%(见图 6-2)。

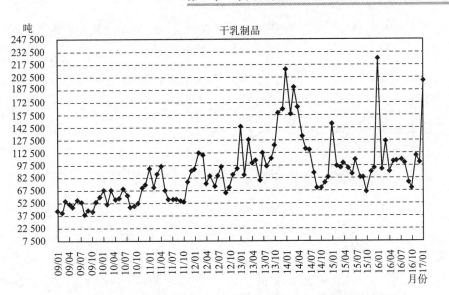

图 6 - 1 2009 ~ 2016 年干乳制品进口量（数据来源：国家海关总署）

图 6 - 2 2009 ~ 2016 年液体乳进口量（数据来源：国家海关总署）

2008 ~ 2016 年，我国乳制品进口从 35.1 万吨增至 217.7 万吨。其中大包原料奶粉占进口乳制品的主要部分。如果将进口乳制品按比例折算，2015年中国共进口生鲜乳768.6万吨，同比下跌35.7%。2016年，我国进口大包原料奶粉62.4万吨，折合生鲜乳500万吨，同比下跌34.9%，这些原料奶粉是生产乳制品的原料，它直接与中国国内的生鲜乳形成竞争，奶牛养殖产业直接受到打击。

6.1.2 乳制品进口市场集中度

中国虽然从20多个国家进口乳制品，但是进口来源比较集中。1995~2016年，中国乳制品进口来源地主要集中在新西兰、澳大利亚、美国和欧盟，平均来看中国从这3个国家及欧盟的乳制品进口额占进口总额的90.14%（见表6-2），而这一比例在1995年仅为77.21%，到2010年上升为92.09%，到2015年上升到94.54%，2016年（91.90%）同比下降2.79%。同时新西兰、澳大利亚、美国及欧盟27国也主宰着全球乳制品贸易及其定价。这表明中国乳制品进口市场集中度在不断增高，目前已经达到较高的水平。

表6-2　　　　　　　1995~2016年乳制品主要进口来源地及占比　　　　单位：%

年份	新西兰	澳大利亚	美国	欧盟	合计
1995	10.84	8.73	26.35	31.29	77.21
2000	39.91	12.73	9.36	27.17	89.18
2001	40.70	18.86	12.03	21.39	92.97
2002	42.12	23.43	9.68	18.95	94.17
2003	50.18	13.73	8.82	19.16	91.88
2004	52.76	11.95	9.22	17.89	91.82
2005	48.40	10.67	13.19	18.18	90.42
2006	48.53	9.21	15.11	17.49	90.35
2007	39.08	10.92	14.29	24.49	88.78
2008	37.17	14.60	17.52	22.11	91.39

续表

年份	新西兰	澳大利亚	美国	欧盟	合计
2009	56.86	7.02	1.01	18.37	83.26
2010	65.88	6.49	9.07	10.67	92.09
2011	62.67	5.12	11.15	13.05	91.98
2012	48.57	4.13	16.90	20.72	90.31
2013	47.59	4.45	16.67	21.65	90.36
2014	46.30	5.43	14.68	23.51	89.92
2015	35.76	7.10	15.65	36.03	94.54
2016	36.18	6.73	15.29	33.69	91.90
平均	44.97	10.07	13.11	21.99	90.14

资料来源：2015 年中国奶业年鉴、中国奶业统计资料，CLAL。

中国从新西兰进口乳制品的数量在 1995～2016 年占总进口量的比重呈上升趋势，而且 2008 年中新自贸协定签订之后上涨速度非常快（见图 6-3）。从 1995 年的 10.84%，上升到 2005 年的 48.40%，2008 年～2011 年增长 68.6%。2011 年以后，中国从新西兰进口量开始下降；且从美国的进口量

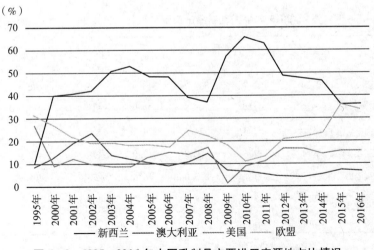

图 6-3　1995～2016 年中国乳制品主要进口来源地占比情况

也有所下降，从 2012 年的 16.90% 下降到 2016 年的 15.29%。同时从欧盟的进口量占比从 2012 年的 20.72% 上升到 2016 年的 33.69%。中国从澳大利亚的乳制品进口量也从 2012 年的 4.13% 上涨至 2016 年的 6.73%。这表明，由于新西兰与澳大利亚的乳制品同质性比较高，导致其相互的替代性也比较高。

2016 年 1~8 月，中国液态奶进口来源国中，欧盟占 79%，新西兰占 18.37%，澳大利亚占 10.5%，美国占 0.07%，其它地区占 8%。液态奶进口集中度很高。2015 年中国奶粉进口量为 54.70 万吨，其中新西兰占中国奶粉总进口额的 79.46%。2016 年中国从新西兰进口奶粉达到 50.36 万吨，占中国奶粉总进口量（60.42 万吨）的 83.3%。2015 年欧盟向中国出口约 1.321 亿美元的奶粉，占中国奶粉总进口额的 8.77%。2016 年由于欧盟国内原料产量增速下降，加之欧盟大量收储脱脂奶粉，导致奶粉出口量下降。2015 年澳大利亚占中国奶粉总进口额的 7.08%，美国占 3.94%（见表 6 - 3）。预计 2017 年中国的奶粉进口量将再次增长，但是其增长幅度低于其他乳制品产品。

表 6 - 3　　　　　　　 2015 年中国乳制品进口贸易伙伴和进口额　　　　单位：百万美元

来源国	全脂奶粉	脱脂奶粉	婴幼儿配方奶粉	乳清粉	其他乳品	进口额	占比
欧盟	27.4	104.7	1 822.2	348.9	516.9	2 820.1	45.7
新西兰	898.0	299.4	195.5	25.9	618.7	2 037.5	33.0
美国	7.0	52.4	74.5	224.2	126.1	484.1	7.8
澳大利亚	49.1	57.6	150.9	17.0	148.4	423.0	6.9
其他国家地区	8.3	3.1	275.0	46.4	73.2	405.9	6.6
进口额	989.7	517.2	2 518.1	662.3	1 483.2	6 170.5	100
占比	16.0	8.4	40.8	10.7	24.0	100.0	

资料来源：Global Trade Atlas。

6.1.3 进口乳制品价格迅速上涨

总体来看，2006 ~ 2012 年中国乳制品的进口平均价格上涨速度较快，乳制品价格在 2008 年保持高位之后开始下降，到 2011 年又大幅反弹上涨。2008 年，除了乳清的进口价格低于 2007 年，其他乳制品的进口平均价格均明显高于 2006 年及 2007 年（见表 6 - 4）。2009 年进口乳制品的价格均大幅下降，除了乳清制品，其余乳制品价格均高于 2006 年的进口价格。2012 年除了乳清之外，其余各类乳制品价格均低于 2011 年的水平，其中鲜奶的进口平均价格创出历史新低，其余乳制品的价格均低于 2008 年的价格。

表 6 - 4　　　　　　　2006 ~ 2012 年中国乳制品进口平均价格　　　　单位：美元/吨

年份	鲜奶	酸奶	奶粉	乳清	炼乳	奶油	奶酪	平均价格
2006	1 361.71	2 199.97	2 145.13	1 052.39	1 908.74	2 116.37	3 854.38	2 091.24
2007	1 610.56	2 826.36	3 299.77	1 906.35	2 085.76	2 630.88	4 078.54	2 634.03
2008	1 706.58	3 656.77	3 942.12	1 466.15	3 669.77	4 356.39	5 309.64	3 443.92
2009	1 541.70	2 857.96	2 351.86	984.30	2 294.71	2 308.60	4 103.25	2 348.91
2010	1 774.04	3 411.59	3 352.58	1 303.63	2 263.20	3 898.10	4 599.94	2 943.30
2011	1 492.12	3 505.37	3 660.27	1 658.77	2 351.50	5 148.75	4 862.28	3 385.50
2012	1 266.24	3 150.85	3 364.41	1 974.84	2 284.14	4 048.79	4 807.33	2 985.23

资料来源：国际农产品贸易统计资料 2011、中国奶业经济研究报告 2011、《中国奶业年鉴 (2013)》。

2006 ~ 2011 年鲜奶及乳清产品的进口价格较低，处于 1 000 ~ 2 000 美元/吨之间（见图 6 - 4），而且波动幅度不大，价格上涨速度比较缓慢，2011 年鲜奶进口平均价格仅比 2006 年上涨了 9.57%，而乳清上涨了 57.64%。酸奶、奶粉、炼乳和奶油的进口平均价格基本在每吨 2 000 美元到每吨 4 000 美元之间浮动，从 2006 年到 2011 年价格波动较大，总体呈现先增长后下降再增长的趋势。其中，酸奶的价格从 2006 年的 2 199.97 美元/吨上升到 2011 年的 3 505 美元/吨，增长率为 59.32%；奶粉的进口价格 2011 年比 2006 年上升了 69.96%；炼乳的价格从 2006 年的 1 908.74 美元/吨开始迅速上涨，在 2008 年达到高位之后持续下降，到 2010 年仅为 2 263.20 美元/吨，增长率仅为 18.57%；奶油的进口价格走势与炼乳相似，但是 2011 年其价格同比上涨幅度较大，为 32.1%，比 2006 年每吨 2 116.37 美元的价格上升了近 144%。

2006～2011 年奶酪的进口价格基本处于 4 000～5 000 美元/吨的区间内，2008 年最高达到了每吨 5 309.64 美元（见表 6-4），与其他乳制品价格走势相似，2009 年奶酪的进口价格下降了 1 206.39 美元，2011 年比 2009 年价格增加了 18.49%，达到 4 862.00 美元/吨。根据图 6-4 价格趋势可预测，目前除了炼乳价格的上涨趋势不太明显，其余各类乳制品的进口平均价格在未来均将不断增加。

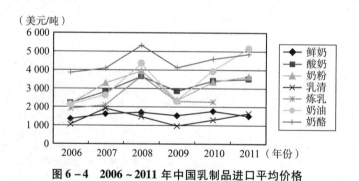

图 6-4 2006～2011 年中国乳制品进口平均价格

中国是世界排名第三位的奶类生产国以及重要的乳制品进口国，国内乳制品的销售价格不仅受到国际乳制品批发价格的影响，而且进口价格也间接受到国际乳品市场批发价格的影响。国际上进行贸易的乳制品主要来源于欧洲和大洋洲，乳制品贸易的种类主要有奶粉、奶油、奶酪以及乳清制品。中国主要从新西兰、美国和澳大利亚进口奶粉及奶酪，从新西兰、澳大利亚进口奶油，从美国、欧盟进口乳清制品。与中国乳制品进口价格趋势一致，在国际乳制品批发价格中，乳清粉的价格最低，其次是奶油及奶粉价格，最高的是干酪（乳酪）。乳清粉的价格波动幅度较小，切达干酪、奶油及脱脂奶粉的价格走势大体一致。各乳制品的批发价格在 2006～2007 年创新高后回落，2009～2011 年又有明显上涨（见表 6-4）。

12 年来欧洲和大洋洲的脱脂奶粉批发价格几乎完全一致，2000～2006 年起伏波动变化不大，从 2006 年开始价格直线上升（见图 6-5），2007 年达到最大值后开始下降，到 2009 年跌至 2006 年的价格水平，2010～2011 年开始回升，2011 年欧洲脱脂奶粉价格为 3 456 美元/吨，比 2009 年增加了 39.58%，而此价格在大洋洲上升了 63.07%。这一趋势与中国奶粉进口平均价格走势相近，但是批发价格的波动幅度远大于进口价格。这表明中国乳制品进口平均价格随着国际乳制品批发价格波动而波动，并且由于国际乳制品批发价格的定价权来自于少数国家及地区，因此更容易受到全球乳制品需求、气候环境等因素的影响而剧烈波动。

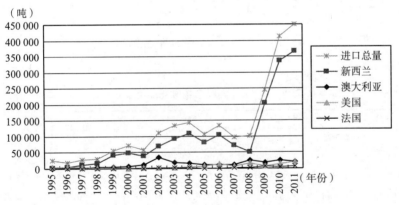

图 6-5　2000～2011 年国际奶油和脱脂奶粉批发价格

与其他乳制品价格走势类似，2006～2007 年奶油批发价格迅速上涨，到 2008 年达到峰值后随即下降，2009 年开始迅速回升，2011 年欧洲及大洋洲的奶油批发价格分别为每吨5 659美元和4 608美元（见表6-5），分别比2009年的价格增加了66.44%和96.25%。2000~2006年欧洲和大洋洲的国际奶油批发价格走势基本重合（见图6-6），从2006年开始欧洲的奶油批发价格一直逐步高于大洋洲，但是两个地区的价格走势基本相同。无论是欧洲还是大洋洲，2000~2008年奶油的批发价格均低于脱脂奶粉的价格，2008年以后奶油的批发价格均高于脱脂奶粉的价格，并且该价格差距有继续扩大之势。近三年，来自大洋洲的切达干酪价格上涨速度放缓，2010年比2009年增加了35.55%，但是2011年仅比2010年增加了9.51%。

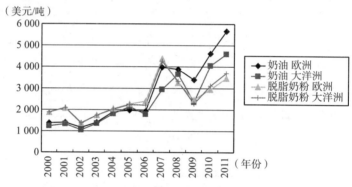

图6-6　2000~2011年国际奶油和脱脂奶粉批发价格

表6-5　　　　　　　　2000~2011年国际市场乳制品批发价格　　　　单位：美元/吨

年份	奶油		脱脂奶粉		切达干酪	乳清粉
	欧洲	大洋洲	欧洲	大洋洲	大洋洲	欧洲
2000	1 370	1 229	1 880	1 873	1 829	531
2001	1 397	1 325	2 055	2 078	2 172	530
2002	1 158	1 044	1 357	1 367	1 701	444
2003	1 408	1 343	1 741	1 738	1 896	437
2004	1 893	1 791	2 043	2 018	2 613	546
2005	1 979	2 130	2 244	2 225	2 838	695
2006	1 916	1 773	2 391	2 210	2 682	945

年份	奶油		脱脂奶粉		切达干酪	乳清粉
	欧洲	大洋洲	欧洲	大洋洲	大洋洲	欧洲
2007	3 981	2 938	4 378	4 259	4 022	1 496
2008	3 895	3 649	3 246	3 330	4 681	707
2009	3 400	2 348	2 476	2 272	2 956	718
2010	4 617	4 045	2 931	3 117	4 007	970
2011	5 659	4 608	3 456	3 705	4 388	1 286

注：①价格为 F. O. B；②2011 年价格为 1～10 月平均价格。
资料来源：USDA，AMS。

6.1.4　奶粉进口量迅速增加

2000～2008 年，中国每年进口奶粉约 10 万吨（见表 6－6）。2000 年奶粉进口量为 7.28 万吨到 2004 年逐步增长为 14.49 万吨，到 2006 年仍保持13.49 万吨，但是到 2008 年下降为 10.10 万吨。从 2000～2006 年，中国奶粉的进口平均价格涨幅不大，在 2001 年价格上涨了 23.39% 之后，2002 年的价格又下降了 25.84%，此后价格缓慢攀升，到 2006 年奶粉进口价格达到2 145.13 美元/吨；2006～2008 年奶粉价格快速上涨，增长率为 83.77%，2008 年价格为 3 942.12 美元/吨。随着进口价格的不断攀升，进口额也在不断增加，2008 年进口额为 3.98 亿美元，比 2006 年增加了 37.72%。

表 6－6　　　　　　　　　　2000～2012 年中国奶粉进口量值

年份	进口量（万吨）	进口额（亿美元）	平均价格（美元/吨）	价格增长率（%）
2000	7.28	1.15	1 584.68	—
2001	5.85	1.14	1 955.34	23.39
2002	11.08	1.61	1 450.02	-25.84
2003	13.37	2.16	1 614.74	11.36
2004	14.49	2.71	1 870.81	15.86
2005	10.69	2.33	2 177.78	16.41

续表

年份	进口量（万吨）	进口额（亿美元）	平均价格（美元/吨）	价格增长率（%）
2006	13.49	2.89	2 145.13	−1.50
2007	9.82	3.24	3 299.77	53.83
2008	10.10	3.98	3 942.12	19.47
2009	24.68	5.80	2 351.86	−40.34
2010	41.40	13.88	3 352.58	42.55
2011	44.95	16.45	3 660.27	9.18
2012	57.29	19.27	3 364.41	−8.08

注：－代表缺失值。
资料来源：《中国奶业统计年鉴》（2007 年、2013 年）。

2008 年受"三聚氰胺"事件的影响，中国奶粉产量增速放缓，进口量开始激增。2009 年中国奶粉产量为 111.70 万吨，仅比 2005 年增加了 13.90 万吨，但是进口量占产量的比例从 2005 年的 10.93% 上升到 22.09%。2009 年中国进口奶粉 24.68 万吨，比 2008 年增加了 14.58 万吨，增长率为 144.36%。2009 年进口价格下降了约 40.34%，这也成为当年中国奶粉进口量快速增长的助推因素，奶粉进口额相应增加了 45.73%（见图 6－7）。

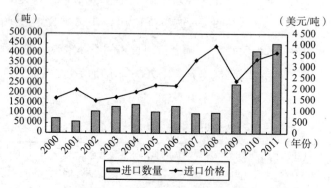

图 6－7　2000～2011 年中国奶粉进口数量及进口平均价格

随着 2009 年之后进口价格的快速反弹，2010～2012 年奶粉进口量持续大幅增加。2010 年中国奶粉产量 140.31 万吨，比 2009 年增加了 28.61 万吨，奶粉进口量也比 2009 年增加了 16.72 万吨达到 41.40 万吨，增长率为 67.75%，进口量占产量的比例上升到 29.51%。进口价格也比 2009 年上涨了 42.55%，达到每吨 3 352.58 美元，相应的进口额增长了 139.31%。2011 年，中国奶粉产量有所下降为 138.59 万吨，同时奶粉进口量涨幅放缓为 44.95 万吨，仅比 2010 年增加了 3.55 万吨，但是进口量占产量的比例比 2010 年明显增加了 2.95 个百分点，达到 32.43%。这表明中国奶粉进口量占产量的比例在不断上升，国内奶粉的产量仍满足不了消费者的需求，未来中国奶粉进口量还将持续上涨。

从中国奶粉主要进口来源地看，1995～2011 年新西兰一直是中国最重要的奶粉进口来源国，2008 年中新自由贸易协定签署之后，中国从新西兰进口奶粉数量更是迅速增加，从 2008 年的 5.06 万吨上涨到 2011 年的 36.7 万吨（见图 6 - 8）。而中国从澳大利亚进口奶粉数量从 2008 年的 2.45 万吨下降到 2011 年的 2.14 万吨，中国进口美国奶粉数量从 2008 年的 1.65 万吨上升到 2.14 万吨，同时中国从法国进口奶粉数量也从 2008 年的 0.33 万吨增加到 2011 年的 0.73 万吨。虽然目前中国从澳大利亚进口奶粉数量远远低于中国从新西兰的进口量，但是中澳自贸区的建立以及乳制品进口关税的削减很可能促使中国加大从澳大利亚的奶粉进口量，同时也将极大地影响中国从新西兰的奶粉进口量，扭转目前对澳大利亚的不利形势。

图 6 - 8　1995～2011 年中国奶粉分国别进口数量

6.1.5 乳品进口结构升级明显

2010～2016 年中国液态奶进口量从 1.6 万吨上涨至 65 万吨，增加了约 41 倍；由 2010 年的 2.15% 上涨至 2016 年的 33.24%。由于酸奶、乳酸菌饮料等品类在中国三四线城市消费快速增长，2016 年中国鲜奶、酸奶进口量涨幅明显，其中鲜奶进口 54.9 万吨（见表 6 - 7），同比增 36.6%；酸奶进口 2.10 万吨，同比增 104.3%。2017 年由于俄罗斯继续禁止来自欧盟国家的乳制品，加之欧盟生产配额的解除，欧盟将扩大对中国出口液态奶，预计 2017 年全年中国液态奶进口量将达到 80 万吨。

表 6 - 7 　　　　　　　**2011～2016 年中国主要乳制品进口量**　　　　单位：千吨

乳制品	2011	2012	2013	2014	2015	2016
鲜奶	30	80	161	287	402	549
黄油	36	48	52	80	71	82
奶酪	29	39	47	66	76	97
全脂奶粉	320	406	619	671	347	420
脱脂奶粉	130	168	235	253	200	184
婴幼儿配方奶粉	79	92	123	123	180	225
乳清粉	344	378	434	404	436	497
合计	968	1 211	1 671	1 884	1 712	2 054

注：鲜奶是指散装和包装牛奶。
资料来源：美国农业部，CLAL。

在 2013～2015 年间，中国的奶酪进口增长了 60%，黄油进口增长了 36%，婴儿配方奶粉进口增长了 57%。2015 年，中国乳制品进口的最大类别是乳清粉，进口量达 43.6 万吨。2016 年乳清粉、奶油、乳酪、奶粉的进口量增速均为 10% 以上（见图 6 - 9）。

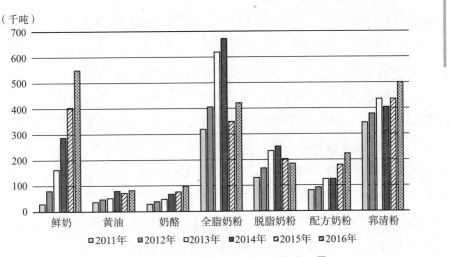

图 6 - 9　2011 ~ 2016 年中国主要乳制品进口量

2015 年中国全脂奶粉进口量比 2014 年（67.1 万吨）下降 93.4% 至 34.7 万吨，2016 年回升至 42 万吨；全脂奶粉占乳制品进口总量的比例从 2010 年的 43.75% 下降至 2016 年的 33.24%。中国仍是全球全脂奶粉进口量最大的国家，几乎所有的全脂奶粉均来自新西兰。2015 年脱脂奶粉进口量比 2014 年（25.3 万吨）下降 13.8% 至 20 万吨，2016 年又下跌 8% 至 18.4 万吨（见表 6 - 7）。脱脂奶粉占比从 2010 年的 11.94% 下降至 2016 年的 9.3%。2017 年脱脂奶粉在中国乳制品行业进口中的比例将下降。

6.1.6　进口依存度明显上升

近十年来，中国乳制品对外贸易依存度①呈现较大的波动变化，进口贸

---

　　① 对外贸易依存度（Foreign Trade for Existence Degrees）又叫对外贸易系数，是指一国进出口总额与其国内生产总值或国民生产总值之比，它是衡量一国经济发展对进出口贸易的依赖程度的一个指标，比重的变化意味着对外贸易在国民经济中所处地位的变化。

易依存度（即进口贸易额与国内生产总值的比例）远高于出口贸易依存度（即出口贸易额与国内生产总值的比例），并且两者之间的差距还在不断增加。根据《国家农业政策分析平台与决策支持系统农业经济计量模型分析与应用》一书中的贸易依存度模型可知，乳制品进口贸易依存度 = 乳制品进口额/乳品工业总产值；乳制品出口贸易依存度 = 乳制品出口额/乳品工业总产值。由此计算得到，中国乳制品进出口贸易依存度的差距从 2000 年的 1.02% 逐步扩大到 2010 年的 1.46%（见表 6 - 8）。同时中国进口贸易依存度呈不断上升趋势，从 2000 年的 1.33% 上升到 2010 年的 1.49%，2012 年下降到 1.30%；而出口贸易依存度呈明显下降趋势，从 2000 年的 0.31% 下降到 2010 年的 0.03%，2010～2012 年基本保持在 0.03% 左右。这表明中国乳业发展对乳制品进口贸易增长的依赖程度进一步加深了。

表6-8　　　　　　中国乳制品国际贸易依存度变化情况　　　　单位：千万美元、%

年份	乳品工业总产值①	中国乳制品		中国乳制品	
		进口额	进口依存度	出口额	出口依存度
2000	1 617.74	21.47	1.33	5.00	0.31
2001	2 412.19	21.61	0.90	3.96	0.16
2002	3 089.67	26.82	0.87	5.52	0.18
2003	4 315.45	34.65	0.80	4.62	0.11
2004	5 489.72	44.44	0.81	5.63	0.10
2005	7 300.79	45.88	0.63	8.18	0.11
2006	8 654.69	55.82	0.64	9.42	0.11
2007	9 982.19	74.40	0.75	24.23	0.24
2008	10 360.43	86.17	0.83	30.17	0.29

---

① 中国乳品工业总产值根据中国海关统计提供的各年汇率折算为美元单位。2011 年和 2012 年的乳品工业总产值用乳品工业销售产值代替。工业总产值 = 工业销售产值 + 期末库存商品市场价 - 期初库存商品市场价。

年份	乳品工业总产值	中国乳制品		中国乳制品	
		进口额	进口依存度	出口额	出口依存度
2009	11 393.19	102.80	0.90	5.69	0.05
2010	13 198.12	196.95	1.49	4.39	0.03
2011	22 941.70	262.02	1.14	7.97	0.035
2012	24 699.30	321.31	1.30	8.24	0.033

资料来源：全国畜牧总站、中国农产品加工业年鉴、2013 年中国奶业年鉴。

　　根据美国农业部网站披露的中国原奶进口量和消费量的数据计算，得出 2012～2017 年中国原奶进口依存度不断上升，由 2012 年的 0.28% 上升到 2017 年的 2.15%（见图 6-10）。2012～2016 年，中国原奶供需缺口由 2012 年的 732.3 万吨下降到 2016 年的 232.4 万吨。受奶牛存栏量减少的影响，2017 年我国原奶产量将继续下降，预计原奶供需缺口将上升至 408.6 万吨，中国将加大原奶进口量，则推动原奶进口依存度进一步上升。

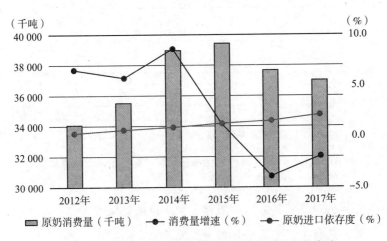

图 6-10　2012～2017 年中国原奶消费量及进口依存度

在婴幼儿奶粉方面，2015 年国内婴幼儿奶粉总供应量接近 100 万吨，约 20% 的产量处于剩余状态。2015 年中国从新西兰婴幼儿配方奶粉进口额为 1.955 亿美元，占总进口额的 7.7%；来自欧盟的进口额为 18.22 亿美元，占总进口额的 72.36%。2015 年，中国乳清粉进口量达 43.6 万吨，主要来自世界最大的奶酪产地欧洲（占 52.7%）和美国（33.9%）。

根据美国农业部网站披露的中国全脂奶粉、脱脂奶粉进口量和消费量的数据计算得到 2012～2017 年中国全脂奶粉和脱脂奶粉的进口依存度（见图 6–11）。可知，全脂奶粉进口依存度由 2014 年的 36.4% 下降到 2016 年的 20.4%，脱脂奶粉进口依存度由 2012 年的 74.7% 增加到 2016 年的 81.8%。2017 年，预计我国全脂奶粉、脱脂奶粉进口依存度分别为 22.8% 和 81.8%。

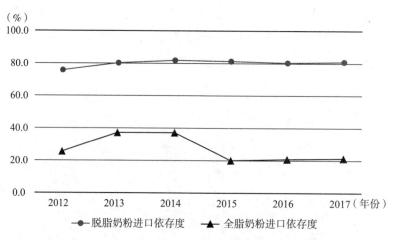

图 6–11　2012～2017 年全脂奶粉和脱脂奶粉进口依存度

中国乳制品对外贸易的进口依存度和出口依存度在近二十年来的变化趋势基本一致，具有明显的阶段性特征。从 2000 年开始，中国乳制品产量迅速增加，2001 年底中国加入世贸组织之后的几年，乳制品被当成幼稚产业，设定了较高的进口关税，因此中国乳制品的进口依存度会呈短暂的下降趋势；随着，加之 2008 年中国—新西兰自由贸易区建立，2015 年中澳自贸区建立，中国乳制品的进口依存度不断升高，而出口依存度在不断下降。目前，中国乳制品的进口依存度基本保持在 1% 以上，而出口依存度一直处于较低水平，仅为 0.1%，远低于西方发达国家的水平。中国乳制品生产规模较大，随着国人消费习惯的改变，乳制品消费规模也将不断扩大。

6.2

中国从澳大利亚进口乳品现状及特征

乳业是澳大利亚第三大农业产业，仅次于红肉（包括牛肉、羊肉）和小麦。它是三大产业中附加值最大的食品行业，也是澳大利亚最重要的出口产业之一。2015/16 财年，澳大利亚共生产牛奶，其中 34% 的牛奶产量被加工成乳制品用于出口。尽管澳大利亚的牛奶产量占全球总产量的不到 2%，但是其乳制品出口量在全球乳制品贸易中却占据重要地位，位于新西兰、欧盟和美国之后居全球第四位。2015 年，澳大利亚在国际乳品贸易中的份额为 6%（以等量牛奶计算），比 2011 年的 8% 下降 2 个百分点，同期新西兰的份额为 38%，欧盟和美国分别为 33% 和 12%。2015/16 财年，澳大利亚的乳品出口总价值为 30.01 亿澳元，比 2012/13 财年增加了 2.7 亿澳元，比 2006/07 财年增加了 5.01 亿澳元。

澳大利亚乳制品出口的目的地主要在亚洲（约占 80%），特别是东亚和东南亚（约 8.38 亿澳元）。2015/16 财年，按出口额计算，澳大利亚的前五大乳制品出口市场依次是：大中华地区（27%）、日本（16%）、印度尼西亚（7%）、新加坡（6%）和马来西亚（6%）。按出口量计算，前五名仅略有不同的顺序：大中华地区、日本、新加坡、印度尼西亚和马来西亚。一方面，由于亚洲市场非常注重乳制品的质量，并且在不断寻求新的乳制品；另一方面，由于澳大利亚离亚洲距离较近，可以快速适应并满足亚洲市场需求。

2015/16 财年，澳大利亚乳品出口量在总产量中的占比为 34%，与

2009/10 财年相比下滑了 11%，为近年来新低，其原因是恶劣的气候条件导致总产量减少。澳大利亚对亚洲的乳制品出口占乳制品总出口额的 80%，其中中国占比 22%。2010 年，中国乳制品行业进口额为 19.70 亿美元，同比增长 91.61%。2016 年，中国乳制品进口来源国按进口额依次是：欧盟（45.7%）、新西兰（33%）、美国（7.8%）、澳大利亚（6.9%）等。

6.2.1　中澳乳制品贸易额增速趋缓，但比重不断增加

中国从澳大利亚进口的农产品数额近十年来不断增加，其占澳大利亚农产品总出口额的比重也在不断上升。2003～2004 年度，澳大利亚出口到中国的农产品总额达 2 282 万美元，仅占出口额的 8.6%。2010 年中国从澳大利亚进口农产品 39.3 亿美元，比 2009 年增长了 58.0%[1]，仅次于美国、巴西、阿根廷，位列第四，2015～16 年度，澳大利亚出口到中国的农产品总额达 81.96 亿澳元，占出口额的 8.6%。目前澳大利亚已经成为中国农产品主要进口来源地之一。

同时，中国从澳大利亚进口的乳制品数额不断上升，但是增速较缓。从 2004～2005 年度的 34.9 万美元[2]（占澳大利亚乳制品出口总量的 1.4%）上升到 2010～2011 年度的 118.9 万美元（占总出口额的 5.2%）。中国进口澳大利亚乳制品的数额与农产品相比增长速度较慢，但是从澳大利亚进口的乳制品数额在所进口农产品中所占的比例不断上升，从 2004～2005 年度的 1.26% 增加到 2007～2008 年的 2.49%（见表 6-9），到 2010～2011 年度该比例曲折上升为 5.99%。从 2010/11 年度到 2012/13 年度，澳大利亚向中国出口农产品金额快速增长，羊毛及其机织物、棉花是所有农产品中出口额最高的，且长期保持巨大领先优势，特别是 2009 年以来，增长非常迅速。虽

---

[1]　数据来源于《2011 年中国农产品贸易发展报告》，中国农业出版社 2011 年 10 月第一版。
[2]　出口价值均以离岸价格计算，中国数据不包括中国台湾地区。

然 2014/15 年度澳大利亚向中国出口乳制品金额同比下降 33%，仅为 3.35 亿澳元，但是中澳自贸区建立之后，从长期来看乳制品出口额占农产品出口额的比重仍将会上升。2015/16 年度，澳大利亚对中国的乳制品出口额为 6.76 亿澳元，同比上升了 101.43%，且澳大利亚出口到中国的乳制品占农产品出口额的 8.24%，同比上涨 4.41%。可见中澳自贸协定的乳制品关税减免作用逐步发挥出来。

表 6-9　　　　　　　　澳大利亚向中国出口农产品数额　　　　　单位：百万澳元、%

年度	农产品	乳制品	占比
2004/05	2 771	34.9	1.26
2005/06	2 857	30.5	1.07
2006/07	3 064	37.4	1.22
2007/08	2 932	73.1	2.49
2008/09	3 216	101.4	3.15
2009/10	3 660	82.2	2.25
2010/11	4 635	277.6	5.99
2011/12	6 660	291.0	4.37
2012/13	7 455	349.6	4.69
2013/14	9 104	501.2	5.50
2014/15	8 762	335.4	3.83
2015/16	8 196	675.6	8.24

资料来源：Agricultural commodity statistics 2016.

6.2.2　中国来自澳与新乳品贸易差距拉大

2011～2016 年中国乳制品进口量从 90.6 万吨上升至 205.4 万吨。2008 年中新自由贸易协议签订之后，中国由新西兰进口的乳制品数量骤增，2011 年从新西兰进口乳制品达 43.43 万吨，比 2008 年的 7.84 万吨增加了 454%，年平均进口量为 11.56 万吨，2016 年新西兰乳制品进口量曲折上升到的 74.32 万吨（表 6-10）。按照《中新贸易协定》，新西兰已在 2016 年 1 月 1

日前取消全部自华进口产品关税；中国将在 2019 年 1 月 1 日前取消绝大部分自新进口产品关税。随着新西兰向中国出口的乳制品关税继续降低，其中婴儿配方奶粉和酸奶关税于 2012 年 1 月 1 日起已经降为 0，中国从新西兰进口乳制品数量将进一步增加，尤其是全脂奶粉和脱脂奶粉，这对国内奶业发展具有深远影响。

表 6 - 10　　　　　　　　**2011～2016 年中国乳制品分国别进口量**　　　　单位：吨、%

年份	总进口量	新西兰		澳大利亚	
		进口量	百分比	进口量	百分比
2011	906 002. 12	433 920. 00	44. 83	42 854. 00	4. 443
2012	1 145 578. 23	588 137. 00	48. 57	49 969. 00	4. 13
2013	1 671 000. 00	795 289. 00	47. 59	74 338. 00	4. 45
2014	1 884 000. 00	872 366. 00	46. 30	102 271. 00	5. 43
2015	1 712 000. 00	612 252. 00	35. 76	121 635. 00	7. 10
2016	2 054 000. 00	743 212. 00	36. 18	138 250. 00	6. 73

资料来源：2013 年中国奶业统计年鉴、2012 年中国奶业统计资料，CLAL。

由于 2008 年"三聚氰胺"事件给乳业带来的不良影响，中国乳制品产量增速放缓，同时国内消费者严重依赖于国外进口奶粉，尤其是来自新西兰及澳大利亚的全脂奶粉和脱脂奶粉。中国从澳大利亚乳制品进口量由 2011 年的 4.28 万吨上涨到 2016 年的 18.82 万吨，其中 2011～2014 年增速较缓，2015 年受中澳自由贸易协定签订的利好消息影响，同比上涨了 1.67%，但是由于 2015～2016 年中国乳制品市场需求疲软，2016 年中国从澳大利亚乳制品进口量同比下降了 0.37%，所以目前中澳自贸协定乳品减税的影响还没有发挥出来。

6.2.3　中国从澳大利亚进口乳品结构变化

1995 年中国从澳大利亚进口奶粉占中国奶粉进口总量的 4.52%，到

2008 年该比例上升到最高点 24.28%，2009 年迅速下降到 7.31%，减少了近 17 个百分点，2011 年该比例进一步下跌到 4.75%，基本回到 1995 年的水平。在奶粉进口量当中，只有全脂奶粉从 2015 年的 5.54% 上涨至 2016 年的 7.91%，脱脂奶粉和婴幼儿配方奶粉占比都下降了。

从 1995～2011 年乳清制品的进口比例一直都比较低，始终没超过 2005 年的最高值 6.78%，并且从 2008 年开始有逐年减少的趋势，2008 年中国从澳大利亚进口的乳清制品占中国乳清产品进口总量的 4.04%，到 2011 年该比例下降为 1.61%（见图 6－12），2015 年中国从澳大利亚的乳清粉进口量占中国从澳大利亚乳制品进口总量的 4.31% 上涨至 2016 年的 5.36%（见图 6－13）。

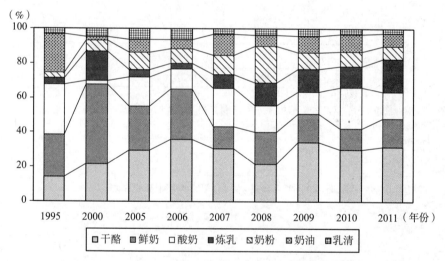

图 6－12　1995～2011 年中国进口澳大利亚各类乳制品数量占比

值得注意的是，2012 年，中国从澳大利亚的鲜奶进口量占中国从澳大利亚乳制品进口总量的 25.98% 快速上涨至 2016 年的 50.77%（见图 6－13），而奶酪从 2015 年的 12.56% 上涨至 2016 年的 14.44%。根据英敏特日前发布的最新报告《奶酪—中国 2016》显示，中国奶酪零售市场的市场份额相比其他亚洲国家如日本（41%）和越南（73%），依然有很大的提升空间。
2016 年，奶酪在中国消费者中渗透率已达到 79%，中国奶酪市场将在 2016～
2021 年以 12.8% 的年均复合增长率继续增长。

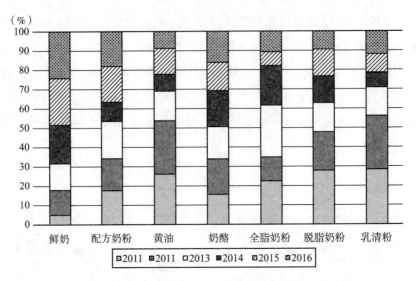

图 6-13　2011～2016 年中国从澳大利亚进口各类乳制品数量占比

6.3

中国乳制品进口贸易规模的影响因素分析

6.3.1　研究方法简介

市场份额模型（constant market share model，简称 CMS 模型）最初于
1951 年提出，后来主要经过捷普马（Jepma C. J.，1986；帅传敏，2003；张
寒，2010）等人多次修改得以完善并成为研究国际贸易的重要工具之一。
该模型假定如果一国的某种出口商品的竞争力不变，它的市场份额也应当不变。因此，一国出口商品的实际变化和竞争对手出口额变化之间的差，一定是由于出口结构或竞争力的变化所引起的。它把一国出口规模的变化细分为三个单独的作用：市场规模效应、分配效应和竞争力效应。同样该模型也可以用于一国从多个市场上进口多种商品的市场份额研究。

目前虽然国内已经有一些学者采用此模型对农产品贸易规模的影响因素进行了分析，但对乳制品贸易的研究还寥寥无几。目前，CMS 模型有两种基本形式，第一种是对进出口贸易增长的绝对值进行分解，第二种是对市场份额的增长进行分析。本书采用 CMS 模型，从乳制品总类和分类两个层面上，结合以上两种 CMS 模型的基本形式，对 1995 ~ 2011 年中国乳制品的进口量进行了定量分析，静态地分析中国乳品竞争力、进口产品结构、市场分布结构以及来源国贸易规模对进口规模变动的影响程度，通过比较中国与澳大利亚、新西兰等奶业发达国家的乳制品贸易所产生的效应，判断并掌握中国乳制品进口规模的主要影响因素及其影响程度。

6.3.2　模型构建

CMS 模型假设 V 为产品的进口量或进口额，i 表示商品种类，j 表示进口国家，k 表示时期，V_{ij}^k 表示在 k 时期该国从 j 国家或地区 i 产品的进口量或进口额；$V_{i.}^k$ 表示 k 时期该国 i 产品的总进口量或总进口额；$V_{.j}^k$ 表示 k 时期该国来自 j 国家的总进口量或总进口额；r 表示全部产品全球的进口增长率；r_{ij} 表示某国来自 j 国家或地区 i 产品的进口增长率；r_i 表示 i 产品的全球进口增长率。

则 A 国第 2 期较第 1 期的进口变化（$V^2 - V^1$）表示为：

$$V^2 - V^1 \equiv rV^1 + \sum_{i=1}^{m} (r_i - r) V_{i.}^1 + \sum_{i=1}^{m} \sum_{j=1}^{n} (r_{ij} - r_i) V_{ij}^1$$
$$+ \sum_{i=1}^{m} \sum_{j=1}^{n} (V_{ij}^2 - V_{ij}^1 - r_{ij} V_{ij}^1) \qquad (6-1)$$

产品进口贸易量（额）的变化可以用以下四部分之和表示：

第一部分称作市场规模效应，指标为 rV^1，它表示由于世界贸易规模的变化而引起 A 国进口贸易的变化情况。如果该值为正，表示世界贸易规模扩大，拉动了 A 国进口；反之则减小。

第二部分叫作商品构成变化效应，即 $\sum_{i=1}^{m}(r_i - r)V_{i.}^1$。如果该指标值为正，则表示 A 国在现有进口商品结构下进口贸易的增长速度大于世界全部商品增长速度。

第三部分是市场分布变化效应，用 $\sum_{i=1}^{m}\sum_{j=1}^{n}(r_{ij} - r_i)V_{ij}^1$ 来表示。该指标描述 A 国各个进口来源地贸易规模的相对变化而引起其进口贸易的变化，如果 $r_{ij} > r_i$，则会产生正的分布效应。

第四部分是竞争力效应，表示为 $\sum_{i=1}^{m}\sum_{j=1}^{n}(V_{ij}^2 - V_{ij}^1 - r_{ij}V_{ij}^1)$。该指标用来衡量 A 国产品竞争力的大小。竞争力表现为一种综合能力，包括产品自身的特性、各种营销环境及政策环境。如果该值为正，则表明竞争力增强促进了产品进口，产生正效应。

6.3.3 数据来源及说明

本部分使用的数据主要来自《中国奶业年鉴》、联合国商品贸易统计数据库（UN comtrade），世界贸易组织历年的国际贸易统计报告以及有关世界和中国乳制品进口量数据。

在产品选择上，本书考虑到数据的可得性，选取三种世界贸易量较大的干乳制品：奶粉（包括全脂奶粉、半脱脂奶粉和脱脂奶粉）、奶油和奶酪。全球乳制品进口量数据是根据出口数据进行统计的。其中 1995～2001 年中国奶粉、奶油和奶酪分国别进口数据均按照海关税号数据整理而来，2002～2011 年该数据均来自《中国奶业年鉴》及中国奶业统计资料。

在国家地区选择上，本书选取 1995～2011 年中国从该国乳制品进口额占中国乳制品进口总额年均 10% 以上的国家（见表 6－11），即把市场结构分为澳大利亚（11.80%）、新西兰（45.78%）、美国（12.06%）和法国（10.69%）。1995～1997 年，中国从这四个国家乳制品的进口平均占中国乳制品进口总额的 56.48%；2002～2004 年，占中国乳制品进口总额的 85.92%；2009～2011 年占 81.84%。可以看出，所选样本对中国乳制品的进口贸易流向有比较好的代表性，因此模型选择了这四个国家作为中国乳制品的主要进口市场。本书从需求、进口结构和进口竞争力三维视角分析 1995～2011 年间中国乳制品进口的增长效应及各影响因素的作用强度和变化趋势，藉此找出影响中国乳制品进口增长的主导因素，为今后一段时间制定中国乳制品进口战略提供理论和现实依据。

表 6－11　　　　1995～2011 年中国乳制品主要进口来源地及其占比　　　单位：%

年份	新西兰	澳大利亚	美国	法国	荷兰	德国	芬兰	英国	合计
1995	10.84	8.73	26.35	3.93	16.58	1.13	5.86	3.79	77.21
2000	39.91	12.73	9.36	15.85	5.07	1.51	2.49	2.25	89.18
2001	40.70	18.86	12.03	13.30	2.63	0.67	4.55	0.24	92.97
2002	42.12	23.43	9.68	13.81	1.64	0.63	2.85	0.02	94.17
2003	50.18	13.73	8.82	12.91	0.70	1.58	3.96	0.01	91.88
2004	52.76	11.95	9.22	9.17	3.48	1.39	3.44	0.41	91.82
2005	48.40	10.67	13.19	10.59	3.56	0.90	2.88	0.25	90.42
2006	48.53	9.21	15.11	10.73	2.71	1.43	2.53	0.09	90.35
2007	39.08	10.92	14.29	14.71	3.75	2.53	3.46	0.04	88.78
2008	37.17	14.60	17.52	13.66	4.10	2.22	2.12	0.01	91.39
2009	56.86	7.02	1.01	10.06	3.40	2.69	2.16	0.06	83.26
2010	65.88	6.49	9.07	4.83	1.95	2.36	1.26	0.27	92.09
2011	62.67	5.12	11.15	5.38	2.55	3.46	1.26	0.40	91.98
平均	45.78	12.06	11.80	10.69	0.60	1.73	4.01	2.98	89.65

资料来源：根据 2002～2010 中国奶业年鉴、中国奶业统计资料 2011、2012 计算而来。

在阶段（或时期）的划分上，为了增强模型的解释力，本书使用中国连续三年乳制品进口量的平均数作为一个相对稳定的数值，这样能够通过模型得到一个相对比较平稳适用的结果。根据模型自身的特点，阶段与阶段之间间隔的年限越长，就越有利于厘清不同时期各种需求效应、市场分布效应以及竞争力效应的作用。因此，本书使用 1995～2011 年每三年的数据作为一个时期，总共划分三个时期，每个时期间隔四年。首先，把 1995～1997 年设为第一个时期阶段，考虑 1997 年亚洲金融危机对中国乳制品进口的影响以及外贸体制改革前的状况；其次，以 2002～2004 年为第二个时期，是把 2001 年末中国入世作为一个分界点，考虑入世后中国乳制品的进口贸易状况；最后，把 2009～2011 年划为第三个时期，主要是由于 2008 年《中国—新西兰自由贸易协定》签订。

6.3.4 结果分析

1. 总体情况

根据公式要求，在经验的基础上，本书设定全球乳制品进口增长率为 3.3%，并进一步根据 1995～2011 年全球及各国乳制品（包括全脂奶粉、脱脂奶粉、奶油和干酪）的进口量数据，计算得到 1995～2011 年世界和中国乳制品进口量增长率。

中国和世界乳制品进口增长的趋势一致，第 3 期比第 2 期均有较大幅度的增长，同时这三期中国乳制品的进口增长速度均远高于世界乳制品进口增长速度（见表 6-12）。2002～2004 年世界奶油和奶酪的进口量增加速度缓慢，但是从 2005 年开始世界乳品贸易形势逐渐转好，乳制品出口量增加速度较快，尤其是 2009～2011 年，世界奶粉及奶酪的进口量明显增加，第 3 期比 2 期的奶粉进口增长率为 17%，而奶油和奶酪的进口速度均放缓。

表 6 - 12 　　　　　　　1995 ~ 2011 年世界和中国乳制品进口量增长率 　　　　单位: %

产品	世界			中国		
	年均增长率	2 期比 1 期的增长率	3 期比 2 期的增长率	年均增长率	2 期比 1 期的增长率	3 期比 2 期的增长率
奶粉	4.5	- 5.5	17	27.5	28.2	34.1
奶油	1.0	0	2	62.6	144.8	- 79.5
奶酪	5.0	1	7	33.1	60.7	27.4
乳制品	3.3	- 10	9	19.2	4.3	17.4

资料来源: 笔者整理得到。

1995 ~ 2011 年, 中国乳制品进口年均增长率为 19.2%, 乳制品进口量始终呈上升趋势, 第 2 期比第 1 期的增长率高了 4.3%, 而第 3 期比第 2 期则高了 17.4%, 这表明中国对于乳制品的需求一直保持了持续且强劲的增长势头。其中, 奶粉的进口增长率这三期中一直呈上涨趋势, 而奶油的进口量在第三期跌幅较大, 奶酪的增长率也有所下降。

2010 年乳制品产品世界贸易总量为 0.7 亿吨, 仅占总产量 (6 亿吨) 的 11.7%, 这是由于主要生产国出口发展缓慢对全球乳制品市场产生了不利影响。2010 年新西兰乳制品贸易量占全球贸易总量的 24.6%, 澳大利亚为 6.6%, 美国为 15.2%, 欧盟 27 国为 27.7%, 以上国家贸易量分别占本国产量的 80%、51.35%、12.15% 以及 13.19%。2013 年, 欧美地区的乳制品消费量具有可预见性, 而新兴市场, 如中国、东南亚国家的乳制品需求仍然较大。但是从全球性乳品市场来看, 由于世界经济放缓以及气候变化对奶业生产的影响, 所以未来几年乳品市场可能会继续保持 3.3% 左右的增长率。

2. 三个阶段变化情况

中国乳制品进口量第 2 期比第 1 期增加了 11.93 万吨 (见表 6 - 14), 而第 3 期比第 2 期增加了 26.76 万吨, 以上增长由市场规模效应、产品结构效应、市场分布效应和竞争力效应四个部分促成。

（1）贸易规模效应

第一部分是正的市场规模效应。1995～2011 年，全球乳制品贸易规模不断扩大，乳制品进口量基本上呈逐年上升的趋势，年均增幅约为 3.3%。世界乳制品供应充足，产品样式繁多，出口国乳制品价格低廉，这些因素都拉动了中国乳制品进口。

在中国乳品进口保持原有市场份额的条件下，市场规模的扩大对中国乳品进口产生正效应，第 2 期比第 1 期贸易规模效应的贡献量增加了 0.29 万吨，对中国乳品进口增加的贡献率为 2.43%。而第 3 期比第 2 期贸易规模效应的贡献量却增加了 1.02 万吨，对中国乳品进口增加的贡献率更高，达到 3.81%。

（2）产品进口结构效应

商品进口贸易结构的变化对中国乳品进口增长产生正向效应，这表明中国在奶粉、奶油及干酪这三种商品的进口贸易增长速度大于世界全部乳制品增长速度（见表 6 - 12）。从总量上看，第 2 期比第 1 期产品结构效应的贡献量增加了 0.03 万吨，贡献比例为 0.24%。而第 3 期比第 2 期增加了 0.14 万吨，贡献比例增加了 0.53%。从具体商品来看，中国进口的奶粉数量在奶粉、奶油及干酪这三种商品中所占的比重最大，从第 1 期开始就超过了 100%，第 2 期比例仍在扩大；干酪商品的结构效应虽然也是正效应，但由于其所占比例较小，所以作用不明显。

（3）市场分布效应

市场分布变化带来正效应，并且该效应在不断扩大。从第 1 期到第 2 期市场分布正效应为 0.62 万吨，促进了中国乳品进口增加了 5.16%；从第 2 期到第 3 期正效应为 6.74 万吨，贡献比例为 25.19%。在市场分布中，新西兰和美国所占份额最大，而且这两国乳制品的出口增长率远远高于世界乳品出口增长率，因此产生较大的正效应；澳大利亚和法国也产生正效应，但市场相对份额较小。

从第 1 期到第 3 期，中国乳制品的进口市场集中度在增加（见表 6 - 13）。由于中国—新西兰自由贸易区建立对乳制品关税的大幅削减，新西兰已经逐渐成为中国乳制品进口最大也是最重要的市场。从第 1 期到第 3 期,中国从法国的进口比例也在不断增大。而中国从澳大利亚进口乳制品的比例从 1995 ~ 1997 年的 11.48%,下降到 2002 ~ 2004 年的 11.08%,到 2009 ~ 2011 年期间仅为 4.47%。

表 6 - 13　　　　1995 ~ 2011 年不同时期中国乳制品进口市场结构效应　　　单位: %

时期	澳大利亚	新西兰	美国	法国	总计
第 1 期	11.48	54.81	26.29	7.42	100.00
第 2 期	11.08	72.05	3.69	13.18	100.00
第 3 期	4.47	76.29	4.59	14.65	100.00

资料来源:笔者计算得到。

(4) 竞争力效应

1995 ~ 2011 年,竞争力因素是影响中国乳制品进口增长的主导因素,其对中国乳制品进口增长的影响始终表现为正向促进作用,且作用效果最为显著。这说明,相对于乳制品进口市场中的竞争对手,中国具有较强的进口竞争力。从变化趋势来看,竞争力因素对中国乳制品进口增长的作用强度有所增强。

从第 1 期到第 2 期,竞争力产生的正效应为 10.99 万吨(见表 6 - 14),从第 2 期到第 3 期,正效应为 18.86 万吨,增加了 7.87 万吨;竞争力效应对中国乳制品进口增长的贡献率却由 92.17% 下降至 70.47%。

表 6 - 14　　　　中国乳制品进口波动的 CMS 模型测算结果

	第 2 期相对于第 1 期的增长		第 3 期相对于第 2 期的增长	
	贡献量(万吨)	贡献率(%)	贡献量(万吨)	贡献率(%)
总效应	11.93	100	26.76	100
贸易规模效应	0.29	2.43	1.02	3.81
产品结构效应	0.03	0.24	0.14	0.53
市场分布效应	0.62	5.16	6.74	25.19
竞争力效应	10.99	92.17	18.86	70.47

资料来源:笔者计算得到。

从以上分析可以看出，从第 3 期到第 2 期与从第 2 期到第 1 期这两个阶段相比，中国对世界乳制品的巨大需求导致的竞争力优势是中国乳品进口量快速增加的最主要原因，其贡献率最高；其次是市场分布的变化；世界乳品贸易规模的扩张以及商品结构效应虽然也加快了乳制品的进口，但影响程度不大。

3. 农业支持对竞争力效应的影响

众所周知，非关税壁垒对乳制品进口会产生非常不利的影响，相比于关税壁垒，它更能有效地起到限制进口的作用，削弱进口商品的竞争力。对农产品进行补贴是非关税壁垒中的一种常见手段，而国内支持又是农产品补贴的一种具体形式。《农业协议》根据各种国内支持措施的贸易扭曲程度将其分为三类，即"绿箱"措施、"蓝箱"措施和"黄箱"措施。黄箱措施是指政府对农产品的直接价格干预和补贴，妨碍农产品自由贸易的政策措施，包括对种子、化肥、灌溉等农业投入品的补贴，对农产品营销贷款补贴等。通常用综合支持量（aggregate measure of support，AMS）来衡量"黄箱"政策的大小。AMS 是评价农产品受到农业政策支持的水平的一种方法，是 WTO 规定的测算一个国家对农业保护程度的指标。通俗一点说，综合支持量就是扶持农民的国内政策支出之和。特定产品综合支持量（product-specific AMS，简称 PS AMS），根据《农业协议》，综合支持量指"给基本农产品生产者生产某项特定农产品提供的，或者给农产品生产者全体生产非特定农产品提供的年度支持措施的货币价值"。特定农产品 AMS 的计算包括以下内容：市场价格支持、非免除直接支付、其他特定产品支持和特定产品 AMS、特定产品支持等值。在此基础上，WTO 成员的农业支持水平具有一定的可比性，削减扭曲性的国内支持政策也就有了削减的依据。

在 OECD 国家中，农业发展都一定程度依赖于政府的优惠政策和农业补贴，政府对农业支持率平均为 31%，其中日本 59%、欧盟 36%、美国

18%，而新西兰只有 1%。从表 6 - 13 可以看到，美国和欧盟等一些奶业发达国家或地区对本国乳制品生产使用 AMS 重点支持，这使得世界乳制品市场价格出现严重扭曲。1995～1997 年，美国"黄箱"政策支持的重点为奶制品，对奶制品的特定产品综合支持量（PS AMS）占年度 PS AMS 的比重处在 68%～80%，支持比重呈现逐年下降的趋势；2002～2004 年该比重平均下降为 53%，到 2008～2010 年该比重仍保持 60%，这表明乳制品一直以来都是美国重点支持的农产品。而欧盟该支持率在 1995～1997 年为 11%，2002～2004 年为 20%，而 2009 年达到 47%，这表明欧盟对乳制品（主要指液态奶、黄油和脱脂奶粉）的综合支持量占年度综合支持量的比重还不大，但是增长的趋势明显。而澳大利亚对液态奶的生产支持比重由 1995～1997 年的将近 100%，下降到 2002～2004 年的 93%，2008 年仅为 30%，这表明澳大利亚对乳制品的综合支持量占年度综合支持量的比重在不断下降。新西兰政府由于在乳制品进出口贸易方面实施自由贸易政策，是一个没有政府农业补贴的国家，政府对农业的支持，即农业投资中公共财政所占比率也是经济合作与发展组织（OECD）国家中最低的。在 80 年代，新西兰政府解除了补贴政策，使奶农脱离了补贴政策的保护而变得更有效率与低成本。

对比表 6 - 11 和表 6 - 15 的数据可以看出，澳大利亚、美国以及欧盟诸国对乳制品生产者的 AMS 支持力度在世界市场乳制品价格低迷的年份通常较高。2001～2003 年是欧洲、大洋洲奶油、脱脂奶粉、干酪和乳清粉价格在 2000～2011 年间最低迷的时期，乳制品出口大国在这一段时期对其国内生产者的支持水平也是达到了近 20 年的最高值。而国际乳制品价格在 2007 年底达到历史高点水平，刺激生产增加，随后各乳制品出口国也逐渐降低了对其生产者的补贴，随着全球衰退导致需求大幅下跌，其价格已经回落超过 50%。这也表明贸易伙伴对乳制品生产者的综合支持量会间接影响中国乳制品的进口量和进口额。

表6-15   乳制品主要出口国黄箱政策中对乳制品产品综合支持量

年份	澳大利亚（百万澳元）	新西兰（百万新西兰元）	美国（百万美元）	欧盟（十亿欧元）
1995	151.7	0	4 655.2	6 015.9
1996	144.2	0	4 690.6	5 869.9
1997	131.6	0	4 455.6	5 725.4
1998	119.7	0	4 560.4	5 718.0
1999	61.8	0	4 660.2	5 814.5
2000	208.9	0	5 070.4	5 951.1
2001	303.7	0	4 483.3	6 026.2
2002	212.8	0	6 304.8	6 289.0
2003	207.8	0	4 736.8	6 844.7
2004	206.7	0	4 662.6	5 476.0
2005	206.6	0	5 154.6	5 246.5
2006	207.1	0	5 044.1	4 662.7
2007	206.7	0	5 016.5	3 890.5
2008	0.2	0	3 973.0	3 822.1
2009	0	0	3 008.6	4 348.4
2010	—	0	2 846.2	—

注:"—"表示缺失值。
资料来源:WTO Documents, Consolidated Domestic Support Profiles。详见 http://www.wto.org/english/tratop_e/agric_e/negoti_e.htm。澳大利亚、新西兰该项均指液态奶(milk),美国该项指乳制品,欧盟该项为黄油、液态奶、脱脂奶粉三项数值之和。

在国际商品贸易市场上,从数量上看,出口补贴最多的产品是粮食;从价值上看,出口补贴最多的产品是牛肉和奶产品。在中国乳制品进口竞争力不变的情况下,由于2007年底国际乳制品价格跌到历史最低水平,因此发达国家纷纷增加对乳制品生产者的支持和相应的出口补贴,高额补贴导致其价格竞争力增强。由于澳大利亚和法国在2002~2004年间对于乳制品生产者的支持力度明显大于1995~1997年和2009~2011年(见表6-16),因此两国均出现第 2 期比第 1 期的市场竞争力增强,而第 3 期比第 2 期的市场竞争力下降的趋势。澳大利亚在第 3 期的份额明显低于第 1 期和第 2 期,而法国的份额相应上升,所以导致澳大利亚对中国乳制品出口增长的负效应(数值用负号表示)比法国高出一个百分点。虽然新西兰自 80 年代就取消了对生产者的一切支持,但是借助双边贸易低关税,从 2009 年开始其对中国的出口竞争力进一步增强。美国在 2002 ~ 2004 年的生产者支持金额均高于 1995 ~ 1997 年,但是由于美国在中国乳制品市场的出口份额从第 1 期到第 2 期下降了 22.6%,所以对生产者支持所产生的出口竞争力基本没有体现出来,反而产生了负向效应;而且第 3 期与第 2 期相比,美国的出口份额有所增加 (0.9%),同时 2009 年 5 月美国宣布恢复 9 万吨乳制品的出口补贴,来报复欧洲共同体委员会在 2009 年 2 月 19 日以出口退税的形式恢复对黄油、奶酪、奶粉等乳制品的出口补贴①,因此美国 2009 ~ 2011 年的出口竞争力呈现正效应,并高于法国和澳大利亚。

表 6 – 16　　　1995 ~ 2011 年不同时期中国乳制品进口市场竞争力效应　　　单位: %

时期	澳大利亚	新西兰	美国	法国	总计
2 期比 1 期	20.36	81.33	– 2.70	1.01	100.00
3 期比 2 期	– 2.94	98.52	6.36	– 1.94	100.00

资料来源:笔者计算得到。

欧盟 2009 年 2 月的出口补贴政策是针对世界市场的不同情况,以每 100 千克乳制品补贴一定数额欧元的方式,把六大类乳制品总共 139 项乳制品划分成三类不同级别出口退税的目的地进行差别补贴,以弥补因为乳制品价格下跌造成的不利影响,与国外产品在同等条件下进行竞争,从而增强竞争能力。这三类目的地分为 L20、L04 和 L40。其中 L20 地区主要指排除第

---

① COMMISSION REGULATION (EC) No 140/2009 of 19 February 2009 fixing the export refunds on milk and milk products Official Journal of the European Union 20.2.2009.

三世界国家（世界上著名的袖珍国）安道尔、罗马教廷（梵蒂冈城国）、列支敦士登等的国家和地区，以及欧盟成员国的领土不构成共同体关税领土的一部分（包括法罗群岛、格陵兰岛、黑尔戈兰岛、休达、梅利利亚等地区）之外的国家和地区。L04 主要针对欧洲未加入欧盟的不发达国家，包括阿尔巴尼亚、波斯尼亚、塞尔维亚、科索沃、黑山共和国等国。L40 地区包括除了 L04 地区，安道尔、冰岛、列支敦士登、挪威、瑞士、罗马教廷（梵蒂冈城国）、美利坚合众国、克罗地亚、土耳其、澳大利亚、加拿大、新西兰和南非以外的国家，以及欧盟成员国的领土不构成共同体关税领土的一部分，包括法罗群岛、格陵兰岛、黑尔戈兰岛、休达、梅利利亚等地区。以上三类地区每项乳制品商品进行出口退税的商品种类和数额均不相同，由于 L04 主要包括欧洲不发达国家，因此 L04 地区的出口退税数额最小；其次是 L40 地区。数额最大也是覆盖范围最广是 L20 地区，它主要包括了世界主要乳制品出口国家和地区，因此也是影响力最大的。

第 三 篇

乳品贸易潜力及预测研究

第7章

中国乳品贸易潜力分析

7.1

中澳自贸区建立过程

7.1.1　中澳自贸区谈判背景

1. 自贸区缔约数量迅速增加

根据 WTO 统计，截至 2017 年 4 月 7 日，向 WTO 通报并生效的自由贸易协定（FTA）数量①为 256 个（见表 7 - 1），在 334 个已生效的区域贸易协定（regional trade agreement，简称 RTA）中占 77%，其中自由贸易区协定数量最多。其中 2000 年后共签署协定 155 个，占协定总数的 76%。从 2005 年开始，全球自由贸易协定数量开始不断上升，2011 年当年签订了 15 个自由贸易区协定，2012 年的数量比 2011 年多出一倍，2013 ~ 2015 年每年新增自由贸易协定的数量均为 12 个左右，2016 年下降为 8 个（见图 7 - 1）。参与国家和地区从 20 世纪 80 年代的 30 多个国家增至目前的近 180 个国家。

---

① 自由贸易协定数量为累计数，类型包括 FTA（协定内容仅为货物贸易）和 FTA&EIA（协定内容兼具货物贸易与服务贸易）。

表 7 – 1				1960 ~ 2016 年向 WTO 通报生效的自由贸易协定数量					单位：个
年份	1960	1970	1980	1990	2000	2010	2011	2012	2015	2016
协定数量	1	2	8	10	58	168	183	213	248	256

资料来源：根据 WTO 通报数据整理，详见 http：//rtais. wto. org/UI/publicPreDefRepByRTAType. aspx。

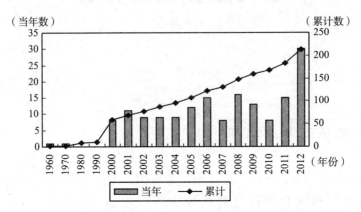

图 7 – 1　1960 ~ 2012 年向 WTO 通报生效的自由贸易协定数量

2. 自贸区缔约成员类型多样

20 世纪 90 年代以前，自由贸易区的建立大多发生在欧洲发达成员之间，此后主要在发展中成员间开展，尤其是在中东欧和独联体等转型国家间产生。2000 年以后，发达国家与发展中国家缔约量增长速度较快，从 2000 年到目前缔约的数量是以前各时期总和的七倍多，并且约为该时期缔约量的一半，逐渐成为自由贸易区建立的主要类型。同时，发展中国家间的自由贸易区建设也在不断增多（见表 7 – 2）。

表 7 – 2	1960 ~ 2012 年全球自由贸易区成员类型		单位：个
时间	1960 ~ 1990 年	1991 ~ 1999 年	2000 ~ 2012 年
发达成员间	9	4	17
发展中成员间	0	27	62

续表

时间	1960~1990 年	1991~1999 年	2000~2012 年
发达成员与发展中成员间	1	9	76
合计	10	40	155

资料来源：根据 WTO 通报数据整理。

3. 中国双边贸易协定数量猛增

近年来，中国加快实施自由贸易区战略，积极推进自贸区建设。截至 2017 年 4 月，中国与 31 个自贸伙伴已签署并实施建设了 14 个自贸区。2013~2016 年，向 WTO 通报生效的自由贸易协定共有 44 个，其中有 4 项自由贸易协定是与中国签署生效的，还有 2 个与中国台湾签署生效，1 个与中国香港签署生效，共涉及 15 个国家和地区。此外中国目前正在谈判的自由贸易区有 7 个，正在研究的自由贸易区有 4 个。仅 2015 年中国就先后与韩国、澳大利亚签署自贸协定，并如期完成中国—东盟自贸区升级谈判并签署升级《议定书》。

7.1.2　中澳自贸区谈判结果

1. 中澳自贸区谈判经过

随着全球范围内区域自由贸易协定日益普及，发达国家积极寻求建立有影响力的经济领域，使它们能够在其中发挥主导作用，以进一步控制全球经济。加之 2007 年次贷危机以及近年来欧盟、美国不断累加的贸易壁垒的影响，造成世界经济的不稳定性逐渐增加。为了应对以上情况，中国政府决定通过签订自由贸易协定实现市场多元化。澳大利亚成为一个对中国有吸引力的伙伴，中国对外自由贸易协定谈判起步晚，但是发展速度较快。根据商务部的统计，从 2003 年中国先后向 WTO 通报与香港、澳门缔结自由贸易区协定开始，到目前为止，中国已签署 13 个自贸协定，分别是中国与东盟、新加坡、巴基斯坦、新西兰、智利、秘鲁和哥斯达黎加、冰岛、瑞士和韩国的自贸协定，中国内地与香港、澳门的更紧密经贸关系安排，以及中国大陆与台湾的海峡两岸经济合作框架协议。除中韩自贸协定外上述自贸协定均已实施。

澳大利亚与中国重要的贸易关系决定了澳大利亚是中国优先考虑建立自由贸易区的对象。澳大利亚前十大出口市场中7个在亚洲，而中国位于日本之后稳居第二，并且中国已超过日本成为澳大利亚能源供应的第一大出口市场，同时中国也是澳大利亚第二大进口来源地，因此澳大利亚积极寻求与中国建立战略性贸易伙伴关系，进一步促进其农业及矿产资源贸易的增长和扩大投资机会，争取市场多元化。

自从2003年10月以来，中澳签订中澳贸易经济框架，同意共同寻找开展双边自由贸易的可能性，2005年3月中澳政府提前七个月完成联合可行性研究，中澳自由贸易区谈判自2005年4月澳大利亚承认中国市场经济地位之后正式开始（见表7-3）。

表7-3　　　　　　　　　　　中澳自贸区谈判过程

谈判次数	谈判时间和地点	主要内容
第一轮谈判	2005年5月23日，悉尼	双方都认为建立中澳自贸区，不仅有利于实现中澳战略目标，对亚太地区和世界贸易自由化也具有重要意义。
第二轮谈判	2005年8月22日，北京	双方就两国贸易体制交换了信息，并相互回答了彼此关注的问题。
第三轮谈判	2005年11月2日，北京	中澳自贸区谈判第一阶段基本结束，双方对磋商的结果表示满意。
第四轮谈判	2006年2月27日，堪培拉	围绕货物贸易、农产品贸易、服务贸易和法律议题四个领域进行分组讨论，取得一定进展。
第五轮谈判	2006年5月25日，北京	双方就未来自贸区协议的框架和所包含的章节基本达成一致。
第六轮谈判	2006年8月31日，北京	在货物和农业方面市场准入的出价和要价，就市场准入问题展开实质性谈判。原产地规则，中国多次表示倾向于在关税分类方法的改变澳大利亚赞成区域价值的方法。
第七轮谈判	2006年12月11日，堪培拉	澳大利亚强调，中国在农产品的报价需要提高。服务上，澳大利亚和中国开始在市场准入谈判方面提出它们关于如何降低服务业面临的障碍清单。

续表

谈判次数	谈判时间和地点	主要内容
第八轮谈判	2007 年 3 月 30 日，北京	双方就各自货物贸易领域的首次出要价进行讨论，交换服务贸易领域的第二批壁垒清单和投资领域的首批壁垒清单，在部分章节文案达成一致，同时就原产地、检验检疫、海关程序等交换了意见。
第九轮谈判	2007 年 6 月 26 日，北京	双方关于商品（包括农业）市场准入谈判仍被搁置，继续探讨第八轮在海关手续这一章达成些许一致的内容。
第十轮谈判	2007 年 10 月 24 日，堪培拉	在海关程序、技术性贸易壁垒、卫生动植物检疫及原产地规则等取得进展。
第十一轮谈判	2008 年 6 月 16 日，北京	关于有关产品（包含农产品）的市场准入问题没有达成协议，焦点主要集中在羊毛、糖类方面。谈判在原产地规则、知识产权等议题上取得了一定进展。
第十二轮谈判	2008 年 9 月 30 日，堪培拉	双方就有关卫生和植物检疫问题和技术贸易壁垒提出承诺方面取得了良好进展。进一步探讨中国向澳大利亚开放以商业为重点的金融服务和教育，并对法律服务和电信市场开放的请求。中国重申澳大利亚降低对中企业临时入境的限制以保障其利益。
第十三轮谈判	2008 年 12 月 1 日，北京	双方就自由贸易协议框架内容、货物贸易市场准入、专业服务、金融和教育服务、知识产权、投资等问题进行磋商。双方在这些具体谈判内容方面存在争议，导致谈判进展缓慢。
第十四轮谈判	2010 年 2 月 24 日，堪培拉	双方都认识到农业、服务业和投资等对"自由贸易协定"都是相对敏感的领域。中国农产品市场对澳大利亚开放的程度方面是双方谈判的胶着点。
第十五轮谈判	2010 年 6 月 28 日，北京	在商品市场准入又对澳大利亚和中国在农业和工业产品的要求进行详细的讨论。双方还就其投资的自然人的要求、金融服务和移动建设进行了详细的交流。关于体制和框架、知识产权和电子商务的章节和工作将在下一轮继续进行。
第十六轮谈判	2011 年 7 月 5 日，堪培拉	双方认真审核和讨论了农产品贸易、非农产品贸易、服务贸易、投资、海关程序和原产地规则、电子商务、知识产权等领域的出要价情况和协定文案，会谈取得了积极成果，达到了双方预期的目标。
第十七轮谈判	2011 年 11 月 22 日，北京	在货物贸易，卫生和植物检疫的问题，海关程序，技术性贸易壁垒和原产地规则的章节有了建设性的探讨和进展。在服务和投资章节进一步取得进展，双方关于在服务和投资的市场准入的要求做了很好的交流。
第十八轮谈判	2012 年 3 月 19 日，堪培拉	双方在服务和投资章节中达成一些一致内容，在服务市场准入的讨论中，双方确定各自的优先事项，并进一步解释它的监管和行政系统运作程序。在法律和争端解决中继续达成一致。

谈判次数	谈判时间和地点	主要内容
第十九轮谈判	2013 年 6 月 4 日，北京	双方进行了深度磋商和讨论，中澳分歧已经基本集中在两个领域，但却是双方的两个"软肋"——农业与投资。本轮维持了谈判势头，为下一步取得实质性突破奠定了良好基础。
第二十轮谈判	2014 年 5 月 5 日，堪培拉	双方围绕市场准入、货物贸易、投资、金融电信服务等议题展开磋商。双方代表团就所有谈判议题全面进行了磋商，就未来协议框架和内容深入地交换了意见。
第二十一轮谈判	2014 年 9 月 1 日，北京	双方本着务实和坦诚的态度就货物贸易、服务贸易、投资、协议案文等议题进行了全面和深入的磋商，取得了积极和建设性的进展。
实质性结束自贸协定谈判	2014 年 11 月 17 日，堪培拉	中国商务部部长高虎城和澳大利亚贸易与投资部长安德鲁·罗布，分别代表两国政府签署了实质性结束中澳自由贸易协定谈判的意向声明。

从 2005 年初到 2014 年末，中澳自贸区谈判历经近十年的时间，这也从侧面反映了中澳双方贸易关系的变化。从 2005 年 5 月到 2008 年 12 月，中国和澳大利亚围绕建立自贸区累计开展了 13 轮谈判，每年平均进行三轮谈判（见表 7-3）。在这个阶段，中国和澳大利亚都认识到双方资源具有极大的互补性，中澳自贸区建立对双方利大于弊，因此两国谈判的积极性都比较高。2008 年 12 月中澳举行第 13 轮自贸区谈判，双方就自由贸易协议框架内容、货物贸易市场准入、专业服务、金融和教育服务、知识产权、投资等问题进行磋商。一方面，由于双方在这些具体谈判内容方面存在较大争议，导致谈判进展缓慢。另一方面，2007 年由陆克文（Kevin Rudd）领导的工党当选执政，工党在执政期内长期搁置中澳自贸谈判工作。2008 年 12 月之后两国谈判中断了 15 个月，直到 2010 年 2 月才举行第 14 轮谈判。在这 15 个月中，世界经济经历了从金融危机到逐渐复苏的过程，中澳两国得以重新估量各自的处境：一方面，欧美等发达国家进口减少，全球自贸区谈判不断取得进展，中国面临出口缩水和经济区域集团化的挤压，急于寻求对外经贸合作新的突破口；另一方面，全球经济复苏带动铁矿石、煤炭等大宗商品价格上扬，澳大利亚作为危机中全身而退的资源大国坐享资产升值的暴利和卖

方市场的优越感。虽然中澳自贸区谈判遇阻，但是中澳双边贸易额却在不断增长，2004 年突破两百亿美元，同比上涨 50%。农产品贸易额 26.5 亿美元，其中澳对中出口 24.1 亿美元。中从澳进口能源矿产类品达 67 亿美元。2007 年两国贸易额已激增至 437.98 亿美元，增长了 61%。2008 年中国成为澳大利亚第二大贸易伙伴国，双边贸易额增加到 596.82 亿美元。两国为了满足自身需求，重新寻求建立双边贸易伙伴关系。

2010~2012 年，中澳累计开展了 5 轮谈判，每年平均进行不到两次谈判。这段时期由于中澳谈判分歧集中在双方的两个"软肋"——农业与投资，中方对粮食安全有所顾虑，澳方则对中国对澳投资存在偏见，因此谈判进展缓慢。从 2013 年 9 月澳大利亚联盟党政府上台以来，包括总理阿博特在内的多名政要，都对中澳自贸区谈判做出积极表态。2013 年，中澳双边货物进出口额为 1 364.4 亿美元，增长 12.3%。澳大利亚对中国能源矿产类产品出口额为 658.7 亿美元，增长 22.0%，农产品出口中国的总额为 73 亿澳元。

2013~2014 年，中澳双方本着务实和坦诚的态度就货物贸易、服务贸易、投资、协议文案等议题进行了全面和深入的磋商，中澳自贸区谈判进展迅速。直到 2014 年 11 月，两国签署了实质性结束中澳自由贸易协定谈判的意向声明。中澳自贸协定在 2015 年 6 月 17 日签订，于 2015 年 12 月 20 日正式生效。按照协定规定，双方将在协定生效后 2~3 年内对服务和投资等议题进行审议。

2017 年 3 月，时隔 11 年后中国国务院总理再次访问澳大利亚具有重要意义。中澳两国基于推动中澳全面战略伙伴关系进一步发展以及更好实施双边自贸协定，签署了《审议中国－澳大利亚自由贸易协定有关内容的意向声明》，两国将于 2017 年启动中澳自贸协定服务章节和投资章节。中澳互为重要贸易伙伴，经济互补性很强。协定生效以来，中澳双边经贸关系平稳发展。双边货物贸易结构不断优化，两国优势产品出口均实现较快增长。

2. 中澳自贸区协定主要内容

中国与澳大利亚自贸区谈判、减税和出价条件基本比照中国—新西兰自贸区。虽然目前中澳自贸区协定还未正式签署，但是根据两国政府签署的实质性结束中澳自由贸易协定谈判的意向声明。在开放水平方面，达成协议后意味着在 2019 年前，澳大利亚针对中国的进口商品 100% 将变成零关税，双方在投资领域都将给予对方最惠国待遇，中国对澳大利亚绝大多数产品关税最终降为零；服务领域，彼此向对方作出涵盖众多部门、高质量的开放承诺。投资领域，双方在协定生效日起相互给予最惠国待遇，同时大幅降低企业投资审查门槛，增加企业投资的市场准入机会、可预见性和透明度。

具体来说，澳大利亚超过 85% 的出口产品从协议生效之日开始就能享受免税，4 年内该比例将提高至 93%，最终 95% 的澳大利亚产品将免税进入中国。目前中国对澳大利亚奶制品实施 10%～15% 的关税，中国将在 4～11 年内取消澳大利亚乳制品行业关税，15% 的婴儿配方奶粉关税将在 4 年内取消。中国对澳大利亚牛肉和小牛肉征收 5%～8.4% 不等的关税，对羊肉征收 23% 的关税，中国将在 9 年内取消所有对澳洲牛羊肉的进口关税。而对于在澳大利亚有 600 亿美元投资的中国而言，在自贸协定达成后，双方投资便利化水平将会进一步提高。同时，澳大利亚出口到中国的煤、铜、镍等矿产资源也将迎来关税的削减乃至取消。而目前中国对澳大利亚煤炭征收的关税，两年内将予免除。园艺产品、海产品等累计占澳大利亚出口额 93% 的货物都将在 2019 年前削减至零。中国出口到澳大利亚的机电产品、工业制成品，将在未来数年内迎来零关税时代，从而进一步拉动我国出口。中国央行还与澳洲联储签署了在澳大利亚建立人民币清算安排的合作备忘录，同意将人民币合格境外投资者试点地区扩大到澳大利亚。

7.1.3 中澳农产品贸易关税

1. 中国进口澳大利亚农产品关税

2001～2016 年，中国从澳大利亚进口最多的农产品依次为：粗粮、羊毛及牛羊制品、酒类制品、原棉、肉类及乳制品等资源型农产品。而中国出口到澳大利亚的主要是劳动密集型农产品，例如水产品、肉类产品和果蔬产品。2001～2010 年，虽然中国从澳大利亚进口的农产品占澳大利亚总出口额中的比例在不断下降，但是澳大利亚六大农业产业向中国出口产品的数额在不断增加，其中棉花的出口额增幅较大，肉类及肉类制品也有较大增长，同时乳制品出口仍具有相当大的潜力。2001～2011 年，澳大利亚向中国出口的谷物在不断增加，从 2001 年的 3.85 亿美元增加到 2011 年的 5.98 亿美元，其中大麦的出口额为 3.67 亿美元，小麦的出口额为 2.15 亿美元。2010 年中国从澳大利亚进口的其余农产品如食糖（3.6%）、小麦（2.9%）、酒精及酒类（14.5%）所占各自进口总量的比例较少。

　　2011～2016 年中国从澳大利亚进口的农产品，其中 2013～2014 年度开始羊毛和酒类制品进口额占农产品总进口额的比重不断上升，分别从 2013～2014 年度的 23.16% 和 2.21% 上升至 2015～2016 年度的 29.49% 和 5.07%，涨幅较大；同期肉类制品和乳制品的变化趋势一致，由 2013～2014 年度的 17.55% 和 5.5% 先下降后上升至 2015～2016 年度的 18.87% 和 8.24%，涨幅较缓；而棉花从 2011～2012 年度的 27.21% 一直下降，到 2015～2016 年度仅占农产品总进口额的 7.76%（见表 7－4）。2012～2016 年，中国从澳大利亚进口食糖的比重不断上升，2015～2016 年度为 1.47%，小麦的进口额占比由 2012～2013 年度的 4.79% 下降至 2015～2016 年度的 5.20%。总体来看，中国从澳大利亚农作物进口额占农产品总进口额的比重由 2013～2014 年度的 47.05% 下降至 2015～2016 年度的 37.86%，跌幅达到 9.19%。

表 7－4　　　　2010～2016 年中国从澳大利亚主要农产品进口额　　　　单位：亿美元

年度	粗粮	羊毛及其他动物毛	棉花	酒类制品	肉类制品及活动物	乳制品	农产品总进口额
2010～2011	324.43	2 235.28	550.72	178.01	358.48	277.57	4 634.84
2011～2012	457.66	2 318.85	1 812.02	208.56	440.54	291.02	6 659.62

续表

年度	粗粮	羊毛及其他动物毛	棉花	酒类制品	肉类制品及活动物	乳制品	农产品总进口额
2012～2013	591.65	2 199.97	1 849.36	241.12	902.39	349.63	7 455.18
2013～2014	1 295.31	2 108.68	1 520.19	201.50	1 597.85	501.15	9 103.87
2014～2015	1 874.29	2 353.88	850.54	268.89	1 432.51	335.37	8 761.59
2015～2016	1 184.63	2 416.82	635.80	415.89	1 546.19	675.65	81 956.00

注：以上数据不包括中国香港和台湾。
资料来源：Australia's exports to China 2016.

　　自由贸易区建立之前，中国和澳大利亚两国都对部分农产品征收一定的关税。2010 年中国与澳大利亚主要农产品的进口最惠国关税税率①（most favored nation treatment，简称 MFN tariff）差距比较大（见表 7 – 5），中国农产品关税水平明显高于澳大利亚。在肉类产品、乳制品、谷物、糖、羊毛以及棉花这六项农产品中，中国只有在谷物产品上有 15.6% 的免税，而澳大利亚不仅在乳制品、糖、羊毛和棉花有不同程度的免税，免税比例分别为 81.12%、59.4%、47.4% 和 4%，甚至在肉类产品和谷物上施行全部免税。在肉类产品上，中国的关税水平平均值为 18.6%，零关税比例为 0，最大关税水平为 25%，而澳大利亚在肉类产品上的关税平均值为 0.0，零关税比例达到了 100%。两国在这些主要农产品类别上进口关税水平的差距比较大，目前中国较高的进口最惠国关税给澳大利亚农产品出口企业带来极不利的影响。但是一旦中澳自贸区建立，随着中国进口关税水平的不断削减，澳大利亚的优势农产品尤其是优质的乳制品将大量涌入中国市场，中国农产品生产企业尤其是中小规模奶牛养殖户可能会受到强烈的打击。

---

　　① MFN 应用关税是按照从价税（AV）计算，即按照进口商品的价格为标准计征的关税，其税率表现为货物价格的百分率。

表 7 - 5 **2010 年中国与澳大利亚主要农产品进口最惠国关税** 单位：%

产品类别	中国 MFN 应用关税			澳大利亚 MFN 应用关税		
	平均值	免税比例	最大值	平均值	免税比例	最大值
肉类	18.6	0	25	0	100	0
乳制品	12.6	0	20	0.21	81.12	4
谷物	30.5	15.6	65	0	100	0
糖及糖果	27.4	0	50	1.9	59.4	5
羊毛	14.7	0	38	2.6	47.4	5
棉花	8.9	0	40	4.8	4	5

资料来源：根据 WTO 网站数据整理得到。

2. 中澳乳制品关税减让情况

中澳自贸协定于 2015 年 12 月 20 日实施第一次降税，时隔 11 天之后，2016 年 1 月 1 日进行第二次降税。2017 年是中国 – 澳大利亚自贸协定实施的第三年，按照协定关税减让表（见附表 21），婴幼儿配方乳粉关税为 6%，比 2016 年降低 3 个百分点，并在 2019 年降为零；鲜奶的进口关税为 10.5%，比上年降低 1.5 个百分点，并在 2024 年降为零；原料奶粉和炼乳关税为 7.5%，比上年降低 0.8 个百分点，并在 2026 年降为零；奶酪的关税为 8.4%，比上年降低 1.8 个百分点，并在 2024 年降为零。

根据 WTO 的通报，2014 年全世界平均关税水平是 62%，2016 年我国乳制品进口的实际水平却不足 10%，特别是按照中新自贸协定和中澳自贸协定的规定，目前我国乳制品进口关税大幅低于乳业能承受的水平（见表 7 - 6）。2017 年，我国从新西兰进口的大包原料奶粉关税降至 1.7%，婴幼儿配方乳粉、液态奶、奶酪、黄油、乳清等主要产品关税已降为零（见附表 22）。从澳大利亚进口的乳制品关税也大多降至 10% 以内，其中液态奶降为 10.5%，大包原料奶粉降为 7.5%（见附表 21）。

进口关税的降低，导致我国从澳大利亚进口乳制品大量增加。2015 年我国从澳进口乳制品 12.38 万吨，同比增长 19.9%；2016 年为 14.21 万吨，同比增长 14.78%，其中液态奶和婴幼儿配方乳粉进口量持续增加，增长率分别达到 23.23%、90.14%。

表7-6　　　　**2014～2016 年中国和澳大利亚各类乳制品 MFN 应用关税**　　单位：%

产品类别	HS 代码	中国	澳大利亚	新西兰	美国	欧盟
不含加糖、和甜味剂的的牛奶和奶油	0401	15.000	0.000	0.000		
浓缩的，或浓缩或含糖、甜味剂的的牛奶和奶油	0402	10.000	0.000	3.000	17.500	
脱脂乳、奶油和酸奶	0403	15.000	0.000	3.330	18.500	
乳清	0404	13.000	0.000	3.330	11.125	
黄油	0405	10.000	1.330	0.000	9.100	
奶酪及凝乳	0406	12.600	0.000	0.000	11.704	7.700

资料来源：WTO 网站，http://agims.wto.org/pages/default.aspx。

　　与中新自贸协定一样，中澳 FTA 协议下，中国对从澳大利亚进口的 6 种牛肉产品和 2 种奶粉产品采取农产品市场保护措施，即当进口农产品数量超过规定触发水平时，中方可征收附加关税。双方在特保措施实施最后阶段对中国相关产业是否遭受严重损害开展评议，并以此决定是否继续实施特保措施。

7.2

中澳双边贸易进展

7.2.1　中澳双边经济贸易

　　中澳两国自 1972 年 12 月 21 日起建立外交关系，双边经贸关系一直保持着良好的发展势头。2001 年中国加入世贸组织以后，中澳两国双边经贸发展驶入快车道，由于中国加入世界贸易组织后自由贸易政策的不断深化，使澳大利亚对中国出口不断增大，2002 年首次突破百亿美元大关。随着中澳两国自由贸易区筹建的启动，中澳双边贸易额也在不断迅猛增加，2001~2011 年该值增长了近 13 倍。其中中国对澳大利亚的进口呈显著增长的趋势，2001 年中国对澳大利亚的进口额为 54.3 亿美元，2004 年增加到 115.5 亿美元，2008 年之后中澳双边贸易增速加快，2008 年比 2004 年增加了 258.7 亿美元。2011 年中国对澳大利亚的进口额 827.2 亿美元，同比增长 35.91%。

对外贸易是澳大利亚经济的重要组成部分，澳大利亚的农业产品、资源产品、制造业产品以及服务业出口占有相当大比重。2011 年，中国是澳大利亚最重要的双边贸易伙伴，中澳双边贸易额达到 1 166.3 亿美元，比 2010 年增加了 32.40%。2011 年澳大利亚是中国第十一大出口目的地，中国对澳大利亚的出口额同比增长了 24.55%，占中国总出口量的 1.8%；同时澳大利亚也是中国第五大进口来源国，中国对澳大利亚的进口额同比增加了 35.91%，占中国总进口量的 4.7%（以上数据均不包括中国香港与台湾）。2001~2011 年，中国对澳大利亚的进口额一直大于中国对澳大利亚的出口额（见表 7-7），并且从 2007 年以后，两者的差距逐年拉大，2011 年中国对澳大利亚的贸易赤字达到了 488.1 亿美元。

表 7-7　　　　　　　　2001~2011 年中国与澳大利亚双边贸易情况　　单位：亿美元、%

年份	中澳双边贸易额	中国对澳大利亚出口额	中国从澳大利亚进口额	比上年±%		
				进出口	出口	进口
2001	90.0	35.7	54.3	—	—	—
2002	104.4	45.9	58.5	16.00	28.46	7.80
2003	135.6	62.6	73.0	29.95	36.50	24.81
2004	203.8	88.3	115.5	50.29	41.05	58.22
2005	272.5	110.6	161.9	33.70	25.28	40.14
2006	329.5	136.3	193.2	20.91	23.17	19.37
2007	438.5	179.9	258.5	33.08	32.06	33.80
2008	596.6	222.4	374.2	36.06	23.59	44.74
2009	600.8	206.5	394.4	0.72	-7.16	5.40
2010	880.9	272.3	608.7	46.61	31.87	54.33
2011	1 166.3	339.1	827.2	32.40	24.55	35.91

资料来源：2011 年中国商务年鉴。

2016 年，澳大利亚与中国的商品贸易总额为 1 040.71 亿美元，其中澳大利亚出口到中国的商品贸易额为 599.14 亿美元，占澳大利亚商品贸易总出口额的 31.5%，同比减少了 1.74%；同时，澳大利亚从中国进口的商品贸易额为 441.57 亿美元，占澳大利亚商品贸易总进口额的 23.3%，比上一个年度下降了 4.5%。

从变化趋势上来看，2012 年，澳大利亚与中国的商品贸易总额达到 1 218.57 亿美元，其中澳大利亚出口到中国的商品贸易额为 748.26 亿美元，同比增长了 2.7%，占澳大利亚商品贸易总出口额的 29.5%；同时，澳大利亚从中国进口的商品贸易额为 460.31 亿美元，比上一个年度增长了 5.8%，占澳大利亚商品贸易总进口额的 18.4%。2013～2016 年，中澳双边商品贸易额不断下降，虽然澳大利亚依然对中国保持商品贸易顺差，但是澳大利亚向中国的商品出口额由 2013 年的 909.91 亿美元下跌到 2016 年的 599.14%，跌幅达到 51.87%；但是占澳大利亚商品贸易总进口额的比重也由 2013 年的 36% 下降到 2016 年的 31.5%（见表 7-8）。

表 7-8 　　　　　　　2012～2016 年中国与澳大利亚双边货物贸易情况 单位：亿美元、%

年份	中澳双边贸易额	中国对澳大利亚出口额	中国从澳大利亚进口额	占澳商品总进口额比重	比上年±%		
					进出口	出口	进口
2012	1 218.57	460.31	758.26	29.5	3.21	5.78	1.70
2013	1 364.43	454.52	909.91	36.0	11.97	-1.26	20.00
2014	1 281.71	467.68	814.03	33.8	-6.06	2.90	-10.54
2015	1 072.13	462.38	609.75	32.4	-16.35	-1.13	-25.09
2016	1 040.71	441.57	599.14	31.5	-2.93	-4.50	-1.74

资料来源：国别数据网。

7.2.2　中澳双边商品贸易结构

2001～2016 年，中澳双边商品贸易发展迅速，而且澳大利亚在农业、矿业、燃料、制造业、其他商品以及服务等部门对中国的产品出口额均在不断增加（见表 7 - 9）。2013 ~ 2014 年度，中国从澳大利亚进口的主要产品依次为：铁矿砂及其精矿（570.43 亿澳元）、煤炭（93.11 亿澳元）、黄金（81.10 亿澳元）以及铜（21.37 亿澳元）。而澳大利亚从中国进口的主要商品依次为：纺织产品（50.57 亿澳元）、电信设备及零件（48.71 亿澳元）、计算机（48.30 亿澳元）、以及家具、床垫和靠垫（21.94 亿澳元）①。2015 ~ 2016 年度，中国从澳大利亚进口的主要产品依次为：铁矿砂及其精矿（387.26 亿澳元）、煤炭（55.71 亿澳元）、黄金（35.43 亿澳元）以及羊毛与其他动物的头发（20.32 亿澳元）。而澳大利亚从中国进口的主要商品依次为：电信设备及零件（68.63 亿澳元），计算机（50.43 亿澳元），家具、床垫、坐垫（28.38 亿澳元）以及婴儿车、玩具、游戏和体育用品（20.85 亿澳元）。可见 2013 ~ 2014 年度到 2015 ~ 2016 年度，澳大利亚向中国出口商品的贸易额呈下降趋势，而从中国进口商品的贸易额从 2012 ~ 2013 年度开始明显持续上升。

　　澳大利亚的农业企业在国际贸易中具备显著的优势，这主要得益于澳大利亚靠近经济快速发展的亚洲市场、不断扩大的自由贸易区以及与北半球的供应商相比所具有的反季节优势。澳大利亚向中国出口的农产品从 2001 年的 23 亿美元上升到 2011 年的 66 亿美元，最近三年增速明显加快，2001 ~ 2011 年年均增长率为 9.7%。2008 年 9 月，澳大利亚的农业企业出口累计 174 亿美元，占农业总产量的 60% 以上。虽然澳大利亚向中国出口的农产品绝对数量及金额均有所增加，但是占澳大利亚总出口额的比例呈下降趋势，从 2001 年的 26.4% 下降到 2006 年的 13.1%，到 2011 年甚至下降到 8.6%（见表 7 - 9）。农产品中羊毛一直占据澳大利亚对中国农产品出口额的首位，2014 ~ 2015 年牛肉和大麦的出口增长十分迅速。相比对华牛肉出口的快速增长，澳大利亚对中国的羊肉出口贸易额也表现出明显的上升趋势，除 2015 年以外羊肉占澳对华牛羊肉贸易的比重都在 50% 以上。

---

　　①　详见 http：//www.dfat.gov.au/geo/fs/chin.pdf。

表 7 - 9   2001 ~ 2011 年澳大利亚向中国分部门出口商品额   单位：亿美元

年份	农业	矿业	燃料	制造业	其他商品	服务	总出口额
2001	23.33	30.18	5.20	12.65	4.46	12.66	88.48
2002	25.98	29.95	6.63	15.57	5.59	15.94	99.67
2003	18.45	36.76	11.50	19.24	4.93	19.43	110.32
2004	25.90	46.37	9.95	19.85	8.05	25.50	135.62
2005	28.22	94.24	9.02	22.81	6.98	30.53	191.80
2006	31.18	129.20	11.04	31.54	0.79	33.51	237.26
2007	32.38	150.72	13.55	39.42	1.85	39.75	277.67
2008	35.36	241.21	17.51	27.27	2.01	47.75	371.12
2009	35.00	273.82	71.51	44.44	0.48	53.96	479.22
2010	46.14	416.65	76.30	41.29	3.82	58.73	642.95
2011	66.29	508.73	79.51	45.79	14.19	56.54	771.05

注：以上数据均根据 2010 年的价格计算得到，其他商品主要指黄金。
资料来源：Australia's exports to China 2001 to 2011 DFAT estimate based on ABS trade data.

澳大利亚出口到中国的矿产和燃料在过去十年中增速很快，平均每年分别增加 36.8% 和 31.9%。矿产品占总出口额的比例从 2001 年的 34.1% 上升到 2006 年的 54.5%，到 2011 年该比例上升至 66.0%。燃料产品占总出口额的比例从 2001 年的 5.9% 下降到 2006 年的 4.7%，随后开始上升，2011年达到 10.3%。矿产和燃料也是中国向澳大利亚进口产品数量最多，占进口额比重最大的两个产业（见图 7 - 2）。

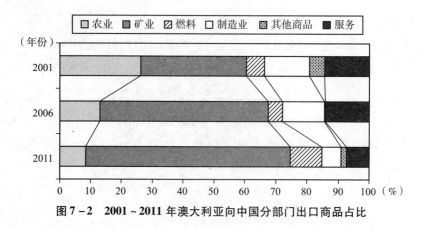

图 7 - 2   2001 ~ 2011 年澳大利亚向中国分部门出口商品占比

近十年来，澳大利亚制造业及服务业产品向中国出口的数额还在缓慢增加，二者的年均增长率分别为 13.6% 和 17.0%，但是其比重均有所下降。2001 年制造业的出口比重为 14.3%，到 2011 年该比重下降为 5.9%；同样服务业的出口比重也从 2001 年的 14.3% 下降至 2011 年的 7.3%。自 2009 年以来，澳大利亚制造商已经能够满足中国消费者需求的增加。

2016 年，澳大利亚除了矿产品和化工产品之外，其它商品对中国的出口量都有不同程度地下降。其中，矿产品同比增长 11%（占 42.7%），化工产品同比增长 48.3%（占 8.9%），贵金属及制品同比下降 70.6%（占 12.4%），动物产品同比下降 18%（占 10.1%），以及植物产品同比下降 45.4%（占 11.4%）。澳大利亚的制造商越来越依赖中国市场，作为它们的第三大出口目的地，中国已经成为澳大利亚制造商一个至关重要的增长市场。

7.2.3　中澳双向投资情况

中国—澳大利亚双向投资关系已经落后于货物贸易关系，但也在不断稳步发展。经中国商务部批准或备案，澳大利亚在华新增投资项目从 2005 年的 692 个下降到 337 个，实际投资总额从 2005 年的 44.86 亿美元达到 2008 年的 58.2 亿美元，中国成为其第 14 大投资目的地。到 2011 年，澳大利亚在华新增投资项目仅为 280 个。截至年底，中国累计批准澳大利亚在华直接投资项目 9 862 个，实际投入 68.5 亿美元。虽然澳大利亚在华新增投资项目的数量在逐年减少，但是中国累计批准澳大利亚在华直接投资项目的数量在逐年增加，并且实际投入的资金数额也在不断增加，这表明澳大利亚在华外商直接投资对行业越来越有针对性，并且项目投资的数额越来越大。

澳大利亚的金融机构对中国的采矿业以及服务业感兴趣。而中国对澳大利亚的投资主要集中在资源领域，并持续快速地增长。从 2007 年 11 月到 2010 年 5 月，政府已批准超过 160 项，总投资额超过 600 亿澳元。最明显的是，中国对澳大利亚的非金融类直接投资在不断扩大，截至 2005 年底，该直接投资的协议金额仅为 5.46 亿美元，2008 年直接投资额上升到 30 亿美元，2011 年更是突破 100 亿美元，达到 109 亿美元（见表 7 - 10）。

表 7 - 10 　　　　　　　　　2005 ~ 2011 年中澳双向投资情况　　　　　单位：亿美元，个

年份	中国对澳大利亚的投资		澳大利亚对中国的投资			
	外商直接投资	截至年底，中在澳累计非金融类直接投资	澳在华新增投资项目	外商直接投资	截至年底，中累计批准澳在华直接投资项目	实际投入
2005	—	5.46*	692	8.47	7 501	44.86
2006	5.5	6.75	629	—	8 130	50.4
2007	5.3	—		22.89	—	—
2008	36.43	30.0	337	—	8 954	58.2
2009	90.58	53.2	312	23.47	9 266	62.1
2010	129.47	87.9	316	67.05	9 582	65.4
2011	133.54	109.0	280	63.55	9 862	68.5

注：＊表示协议金额，"—"代表缺失值。
资料来源：《中国商务年鉴》（2005 ~ 2012 年），ABS。

随着中澳贸易政策的不断放开，进入澳大利亚的中国投资激增，主要是国有企业。从 2005 年开始，中澳对双方的外商直接投资额（foreign direct investment，简称 FDI）都在不断增加。2003 年 6 月，19 家从事农业生产的中国企业已经在澳大利亚投资，投资总额为 1 348 万美元。2007 年，中国有 5.3 亿美元的 FDI 流入澳大利亚，澳大利亚成为接受中国 FDI 的第五大目的地，仅次于美国，占中国外商直接投资总流出量的 1.2%。截至 2013 年底，中国向澳大利亚外商直接投资达 319 亿美元，占澳大利亚吸收外商直接投资总额（25 万亿美元）的 1.3%，对澳大利亚进行外商直接投资前三位的国家分别是美国（26.7%）、英国（22.9%）以及日本（5.3%），中国位居第八[①]。同年澳大利亚向中国外商直接投资为 296 亿美元，占澳大利亚海外直

①　详见 http：//www.dfat.gov.au/trade/investment/australias-investment.html。

接投资总额（1.6 万亿美元）的 1.8%，澳大利亚对外直接投资的前三位国家分别是美国（28.9%）、英国（15.7%）以及新西兰（5.0%），中国位居第十二。2015 年，中国向澳大利亚外商直接投资达 351.71 亿澳元，占中国向澳大利亚总投资的 46.98%；中国吸收澳大利亚的外商直接投资为 141.07 亿澳元，占澳大利亚向中国总投资的 20.1%。

7.2.4　中澳双边服务贸易

相对于货物贸易，中澳双边服务贸易增长速度比较缓慢。2006～2007 年度，澳大利亚向中国出口的服务贸易额为 36.23 亿澳元，占服务贸易总出口额的 7.7%；澳大利亚从中国进口的服务贸易额为 11.71 亿澳元，仅占进口总额的 2.6%。2012～2013 年度，澳大利亚向中国出口的服务贸易达到 66.62 亿澳元，占服务贸易总出口额（524 亿美元）的 12.7%；而从中国进口的服务贸易额为 18.64 亿澳元，仅占进口总额（640 亿美元）的 2.9%。2006～2013 年 8 年之间，澳大利亚从中国进口的服务贸易额约增长 59.18%，而澳大利亚向中国出口的服务贸易额增加了 83.88%。2015～2016 年澳大利亚出口中国的服务贸易总额为 106.81 亿美元，占澳大利亚对外服务贸易总额的 15.6%，同比上涨了 21.3%，上升速度很快，现位列第一。十年来，中澳服务贸易赤字逐步扩大，由 2006～2007 年度的 24.52 亿澳元一直上升，到 2010～2011 年度，达到 42.83 亿澳元，随后略有下降；然后从 2012～2013 年度的 47.98 亿澳元迅速扩大至 2015～2016 年度的 80.79 亿澳元，增长近两倍（见表 7 - 11）。

在中澳双边服务贸易项目中，旅游服务、运输服务以及其他商业服务均位列前三名。2012～2013 年度，这三项分别占中国对澳服务贸易出口总额的 59.07%、24.3% 和 10.25%，同时占对澳进口总额的 89.52%、3.9% 以及 2.06%。2015～2016 年度，澳大利亚向中国出口与教育有关的旅行服务为 53.75 亿澳元，个人旅行（不包括教育）服务达到 34.03 亿澳元；中国向澳大利亚出口运输服务达到7.8亿澳元,个人旅行(不包括教育)服务为8.36亿澳元。

表 7-11　　　　　　　2006~2016 年中国与澳大利亚的服务贸易额　　　　单位:亿澳元

年度	澳大利亚向中国出口额	澳大利亚从中国进口额	贸易赤字
2006~2007	36.23	11.71	24.52
2007~2008	44.14	14.54	29.60
2008~2009	49.34	16.74	32.60
2009~2010	55.37	17.04	38.33
2010~2011	60.50	17.67	42.83
2011~2012	62.07	19.69	42.41
2012~2013	66.62	18.64	47.98
2013~2014	74.89	23.07	51.82
2014~2015	88.04	22.63	65.41
2015~2016	106.81	26.02	80.79

资料来源:TRADE IN SERVICES AUSTRALIA 2015-2016。

7.3

中国从澳大利亚进口乳品潜力分析

7.3.1　生鲜乳生产者价格

纵观 1991~2015 年乳制品主要出口国生鲜乳收购价格(即生产者价格)的变化趋势可知,1991~1999 年中国与新西兰及澳大利亚的生鲜乳生产者价格相差不大(见图 7-3),中国生鲜乳收购价格仍处于较低的水平,不到美国、法国、德国和荷兰价格的一半。2000 年之后尤其是 2001 年中国加入世贸组织之后,中国生鲜乳生产者价格快速上涨,到 2007 年达到 704.8 美元/吨,远远超过新西兰和澳大利亚原奶生产价格,同时由于欧盟实行牛奶生产配额政策，原奶生产者价格的波动幅度较小，增长速度较缓。2008 年在"三聚氰胺"事件及与新西兰签署自贸协定的综合影响下，中国生鲜乳生产者价格快速下跌至 364.1 美元/吨，同期新西兰生鲜乳生产者价格也快速上涨至 444.9 美元/吨，同比增长了 60.3%，且低于同期澳大利亚、美国和欧盟的原奶生产价格。到 2013 年，中国生鲜乳的生产者价格（550.4 美元/吨）相对于新西兰（413.3 美元/吨）、澳大利亚（375.5）、美国（443 美元/吨）和欧盟（511.5 美元/吨）的生产价格都高出许多，其中澳大利亚和新西兰的价格最低，仅为每吨 400 元左右。

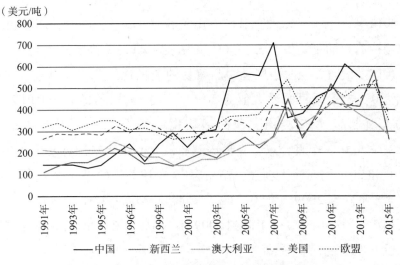

图 7 – 3　1991～2015 年主要乳品出口国生鲜乳收购价格

由于欧盟实行牛奶生产配额政策，因此 2014 年之前原奶生产者价格的波动幅度较小，增长速度较缓。2015 年 3 月欧盟取消执行了 30 多年的牛奶生产配额制，引发各成员国牛奶产量激增，市场供应过剩，原奶生产者价格由 2014 年的 520.5 美元/吨下跌至 2015 年的 354.8 美元/吨，跌幅达31.8%。从 2000 年开始，澳大利亚的原奶生产者价格一直处于低位，从2000 年的 147.3 美元/吨上涨至 2015 年的 281 美元/吨，年均增长率仅为

4.29%（见图 7 - 3）。

新西兰、澳大利亚低廉的乳制品生产成本不仅对中国原奶生产具有绝对的竞争力，而且对于美国、欧盟等奶业发达国家同样具有较大的竞争力。总体来说，澳大利亚与新西兰相比，其生鲜乳的生产者价格处于更低的水平，在中澳自贸区建立后，将对中国乳制品的出口上具有更大的比较优势，澳大利亚乳制品对中国市场的冲击将不容小觑。

7.3.2 乳制品最惠国税率

2010 年中国乳制品的 MFN 应用关税（most favored nation treatment, 最惠国待遇）的平均税率为 12.6%（见表 7 - 12），高于澳大利亚、新西兰、美国及欧盟，同时中国乳制品贸易的免税比例几乎与欧盟和美国一样都为 0，应用关税的最大值为 20%，低于美国的 25%。中国 2008 ~ 2010 年乳制品 MFN 应用关税的平均税率均为 12.6%，比 2007 年的 12.2% 高出 0.4 个百分点，免税比例和最大值四年来没有发生变化，分别是 0 和 20。同时澳大利亚乳制品 MFN 应用关税的平均税率从 2007 年的 4.1% 下降到 2009 年的 0.21%，免税比例也从 75% 提高到 81.12%，最大值由 2007 年的 21% 下降到 2009 年的 4%，该关税税率一直到 2011 年都没有发生变化。

表 7 - 12　　　　2010 ~ 2014 年个别国家乳制品 MFN 应用关税　　　单位：%

MFN 应用关税	中国	澳大利亚	新西兰	美国	欧盟
平均值	12.6	0.21	1.6	11.67	7.7
免税比例	0	81.12	67.77	0.13	0
最大值	20	4	5	25	7.7

注：以上 MFN 应用关税是按照从价税（AV）计算，即按照进口商品的价格为标准计征的关税，其税率表现为货物价格的百分率。
资料来源：WTO 网站整理得出。

2014～2016 年中国乳制品的 MFN 应用关税（12.6%）与 2010 年保持一致，高于澳大利亚、新西兰和欧盟，但是低于美国。由于美国 2014 年 MFN 应用关税的平均税率调整为 13.58%，比 2010 年的 11.67% 高出 1.91 个百分点，同时免税比例也由 2014 年的 0.13% 上升至 2014 年的 0.19%，应用关税的最大值为 25% 保持不变。2010～2014 年欧盟 MFN 应用关税的平均税率和最大值一直为 7.7%，2015 年 4 月 1 日欧盟正式取消了牛奶生产配额制，随之 MFN 应用关税的平均税率和最大值降为 0%，这是欧盟最后一个计划控制领域，意味着欧盟农业完全开放进入市场经济。

由此可见，澳大利亚的乳制品应用关税税率在不断降低，目的是扩大乳制品的出口贸易，拓展国际市场。由于澳大利亚在乳制品上的最惠国税率低于新西兰（见表 7 - 12），并且其免税比例也比新西兰高于近 20%，这表明在国际市场上，澳大利亚的乳制品比新西兰的乳制品更加具有竞争力，而中国与澳大利亚在乳制品贸易的最惠国税率差距较大，这表明中澳自由贸易区建立之后，澳大利亚将会成为中国主要的乳制品来源国，对中澳两国乳制品贸易的影响较大，将会改变目前中国乳制品进口市场过于集中的现象，同时对国内乳制品加工企业的冲击将会比较大，而随着关税水平的消减，能够产生明显的贸易创造效应和贸易转移效应。

7.3.3　羔羊产业向乳业转型

澳大利亚具备发展养羊业的良好自然条件，凭借高生产性能的细毛羊品种，多年来一直占据世界最大的羊毛生产和出口国地位。自 20 世纪 80 年代起，国际养羊业出现多极化发展趋势，表现出毛用向肉用或毛肉兼用转型的特点。在此背景下，澳大利亚的羔羊产业分化出三个重要板块：羊毛产品、羊肉产品以及羊毛、羊肉两用羔羊的饲养。目前澳大利亚羊群数量保持在 7 500 多万只，与羊肉贸易主要竞争对手新西兰相比，澳大利亚的绵羊和山羊存栏规模具有绝对优势。

1. 中澳羊毛贸易方面

2013～2014 年度，中国生产羊毛 42 万吨，首次超过澳大利亚（41.9 万吨）位居世界第一，占世界羊毛产量（211.4 万吨）的 19.9%，比 2011～2012 年度增长了 5%，占世界羊毛产量的比重也提高了 0.2%。同时中国也是世界上最大的羊毛进口国，而澳大利亚一直都是世界最大的羊毛出口国，2015～2016 年度含脂原羊毛出口量占全球出口总量的 65.88%，在全球羊毛贸易市场中具有重要地位。2015～2016 年度澳大利亚向中国出口原羊毛 31.6 万吨，同比下降 10.23%（见图 7-4）。

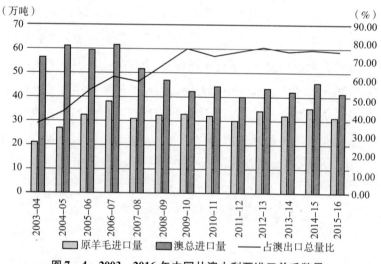

图 7-4 2003～2016 年中国从澳大利亚进口羊毛数量

2013～2014 年度，全球主要的羊毛生产地有：中国（19.87%）、澳大利亚（19.82%）、俄罗斯联邦（9.93%）和新西兰（7.47%）。近年来澳大利亚出口到中国的原羊毛以及羊皮的数量基本稳定在 30 万吨以上（见图 7-4），没有明显的增加，但是其占澳大利亚原羊毛总出口量的比重很大（75% 以上），并且该比重还在不断上升，从 2003～2004 年度的

37.19% 上升到 2009～2010 年度的 77.34%，2012～2013 年度达到 78.26%，2015～16 年度回落至 75.78%。近年来澳大利亚含脂原羊毛（即 greasy wool）的生产者价格不断上涨（见图 7－5），2008 年每吨达到 4 221.7 美元，比 2005 年的价格上涨了 25%，比新西兰和俄罗斯两个主要羊毛出口国的生产者价格将近高一倍，随着中国－新西兰自由贸易协定关于农产品关税的进一步削减，中国从新西兰进口已梳和未梳山羊毛、羊毛脂、羊毛纱线及羊毛编织物的数量和金额也将会进一步增加，而澳大利亚目前羊毛出口的相对优势也许会下降。

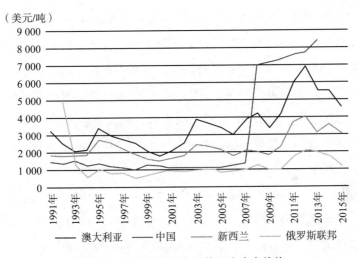

图 7－5　世界主要国家原羊毛生产者价格

2. 中澳羊肉贸易方面

作为全球重要的羊肉出口国家，2014 年澳大利亚羊肉出口量达到 49.85 万吨，当年已超越新西兰成为全球最大的羊肉出口国。1995～2014 年澳大利亚羊肉出口量占其羊肉总产量的比重由 34.1% 提高到 66.75%。2015 年澳大利亚对中国的羊肉出口贸易额为 1.93 亿美元，占其羊肉出口贸易总额的 9.2%，与排在澳羊肉出口贸易额第一位的美国（6.4 亿美元）相比，仍有较大的提升空间。

2000～2014 年中国和澳大利亚羊肉生产者价格整体都在上涨，中国山羊肉生产者价格高于澳大利亚。2014 年中国山羊肉和绵羊肉的生产者价格达到 7 120.2 美元/吨和 7 020 美元/吨，分别高出澳大利亚 2.48 倍和 1.52倍。而且中国从澳大利亚进口的羊肉平均价格低于从新西兰进口的羊肉平均价格。相比于中国对新西兰自 2008 年起开始逐步削减的羊肉进口关税，2008～2015 年间澳大利亚进口羊肉的关税一直保持在相对较高的 MFN 税率水平。中澳自贸区建立之后，来自澳大利亚的羊肉产品进口量也将有所增长。

根据相关研究可知，澳大利亚肉羊产业虽然具有很强的国际出口竞争力，但是从 2004 年开始出现了萎缩的趋势（郝瑞玲，2010[53]），随着全球乳业正在蓬勃发展，澳大利亚原料奶生产成本一直处于较低水平，因此奶业发展潜力巨大（彭秀芬、孙芳，2007[54]），中澳乳制品贸易的互补特征明显（刘李峰，2006[45]）。相对于原羊毛的出口，未来乳制品的出口将更具有比较优势，而且这个比较优势是在不断扩大，并且对于农场主个体来说，由养羊转为养牛的资金及技术门槛较低，因此澳大利亚将会有越来越多的社会资本与资源从肉羊产业转入到乳业的生产与投资上。目前中国已经成为全球乳制品进口量增速最快的国家，中澳自贸区建立之后，中国从澳大利亚乳制品进口量快速增长，并且对两国乳制品贸易将产生巨大影响。

第 *8* 章

中澳 **FTA** 建立对中国乳品生产和贸易的影响研究

8.1 基于引力模型的研究

8.1.1 引力模型方法

1. 引力模型方法简介

贸易引力模型作为一种成熟的研究双边贸易的分析工具已经被广泛使用，它的初衷是试图以模型形式研究并探讨双边贸易流动的决定，在研究领域被广泛应用。引力模型的基本思想来源于牛顿的万有引力定律，即两物体间的相互引力与两物体间的距离成反比，与两物体的质量成正比。模型中主要解释变量为"吸引力"和"排斥力"，传统模型中以国内生产总值为"吸引力"因素，以距离为"排斥力"因素。最早将引力模型应用到国际贸易领域的是丁伯根（Tinbergen，1962），他首次发表了贸易互惠安排对贸易流量影响的研究成果，之后国内外学者一直在努力通过事后分析，运用局部均衡分析方法对不断出现的各类区域自由贸易安排的贸易效应进行研究。在过去的 40 多年时间里，引力模型是研究者分析区域自由贸易安排对贸易流量以及农产品进出口影响的常用工具。但是，已有的研究较少从实证的角度，来关注自由贸易区安排对乳制品进口的影响。

原始的引力模型可表示为：

$$X_{ij} = AY_j^{\beta_1} Y_i^{\beta_2} L_j^{\beta_3} L_j^{\beta_4} D_{ij}^{\beta_5} e^{u_{ij}}\tag{8-1}$$

式中，X_{ij} 表示 i 国（进口国）对 j 国（出口国）的进口额，A 为常数项，Y 表示收入（通常用国内生产总值来表示），L 表示人口，为 i 国和 j 国之间的距离，u_{ij} 为标准随机误差。

等号两边同时取对数得到线性化的引力模型：

$$\ln(X_{ij}) = \ln(A) + \beta_1\ln(Y_i) + \beta_2\ln(Y_j) + \beta_3\ln(L_i) + \beta_4\ln(L_j) + \beta_5\ln(D_{ij}) + u_{ij}\tag{8-2}$$

2. 建立中国乳制品进口贸易引力模型

根据第 6 章 6.3 节市场份额模型的研究结论可知，中国乳制品需求对中国乳制品进口贸易额的贡献率最大，因此本书根据研究目的和中国乳制品进口贸易的特点，将反映进口方的国内生产总值作为进口方的"吸引力"因素；同时将反映出口国供给规模的国内生产总值变量以及人口数量也作为引力模型中的"吸引力"因素；除了把距离作为"排斥力"因素，再加上进口国对出口国的乳制品进口关税这一"排斥力"因素，因此得到中国乳制品进口引力模型的表达形式如下：

$$\ln(IM_{ij}) = \ln(A) + \beta_1\ln(POP_j) + \beta_2\ln(GDP_i) + \beta_3\ln(GDP_j)$$
$$+ \beta_4\ln(D_{ij}) + \beta_5\ln(T_{ij})\tag{8-3}$$

横截面数据包括 22 个国家和地区，用下标 j 表示，时间序列为 2000~2011 年，用下标 t 表示，下标 i 指的是中国，计算软件为 Stata11（见表 8-1）。

表 8-1　　　中国乳制品进口贸易引力模型变量含义及其系数符号说明

变量	含义	预期符号
IM_{ij}	中国从贸易伙伴国进口的乳制品金额	+
GDP_i	中国的国内生产总值	+
GDP_j	中国贸易伙伴国的国内生产总值	+
POP_j	中国贸易伙伴国的人口	-
D_{ij}	中国与贸易伙伴国首都的距离	-
Tr_{ij}	中国与贸易伙伴乳制品贸易关税	-

本书对模型中各解释变量的系数做如下假设：

（1）国内生产总值增加会导致本国市场乳制品需求增加，在其他条件不变的情况下，进口方的进口需求增加，出口方的出口供给减少。这意味着，在引力模型中，中国的国内生产总值为正。而出口国的国内生产总值增加会促进该国乳业的发展，而人口的增加会直接导致乳制品消费的增加，而影响供给，因此，预期出口国的国内生产总值系数为正，而人口变量系数为负。

（2）其他条件不变，中国与进口来源地之间的距离越远，运输成本就越大，相应的价格差别也就越大。因此，中国与乳制品进口来源地之间的距离与乳制品进口规模负相关。

（3）进口关税会提高进口价格，中国和贸易伙伴国之间的乳制品进口关税越高，则中国的乳制品进口额会相应降低，因此预期该变量与中国乳制品进口额负相关。

8.1.2　样本选取和数据来源

1. 样本选择

根据第 6 章 6.3 节市场份额模型的研究结论可知，中国乳制品的进口市场分布变化带来正效应，并且 1995～2011 年该效应在不断扩大，因此进入模型分析的市场样本不仅应达到一定的数量，这样可以有效地避免，而且样本还应包括到一些占中国乳制品进口份额较小的国家，这样才具有比较完整的代表性。

本书利用 2000～2011 年中国乳制品进口贸易流量的面板数据进行引力模型的回归测算，其结果将表明中国乳制品进口贸易流量的决定方程。样本选取包括新西兰、美国、澳大利亚、法国、德国、日本、韩国等 22 个国家或地区，这些国家和地区不仅包括奶业发达国家，也包括一些发展中国家，同时中国每年从这 22 个国家或地区进口乳制品贸易额占据了中国乳制品进口总额的 90% 以上，所以这 22 个国家或地区基本上代表了中国乳制品进口的流量和流向。

2. 数据来源

2000～2011 年乳制品进口额数据来源于中国奶业年鉴和中国奶业统计资料，以及联合国 Comtrade 数据库，分类标准为 HS1996，中国和各进口来源国的人口总数和国内生产总值（以现价美元计算的 GDP）数据均来自世界银行网站 http：//data. worldbank. org. cn/indicator/。两地地理距离采用北京到进口国（地区）首都（首府）的直线距离，利用 Google Earth 软件测算出地面长度距离。

关税税率的数据来源：根据 2008 年 4 月 7 日，《中华人民共和国政府和新西兰政府自由贸易协定》（以下简称《协定》）中方关于新方原产货物的关税减让表，计算得到 2008～2011 年中国进口新西兰原产乳制品的税率（见附表 22）。中国乳产品进口关税税率数据是根据历年中华人民共和国海关进出口税则中各类乳品进口关税税率计算的算术平均数（见附表 23）。此外，虽然中国与新加坡于 2008 年 10 月签署了《中华人民共和国政府和新加坡共和国政府自由贸易协定》，中方承诺将在 2010 年 1 月 1 日前对 97.1%的自新进口产品实现零关税，但是中方关于商品贸易的关税减让表中没有对乳制品进行减税，因此在这里设定中国对新加坡的乳制品进口关税与其他国家一致，采用目前中国乳制品进口关税的平均税率。

8.1.3　引力模型估计结果

由于本书使用的是混合面板数据，因此首先通过豪斯曼检验（Hausman test）判断使用随机效应模型还是固定效应模型，Prob > chi2 = 0.1151，因此不接受固定效应模型，反之接受随机效应模型，因此采用随机效应模型进行分析。由于本书采用双对数非线性回归模型，因此 F 检验不再适用，采用沃尔德检验（Wald test），得到 Wald 统计量的值 Prob > chi2 = 0.0000，说明统计量落在原假设的接收域，所以接受原假设（约束条件成立）。利用最小二乘法估计得到的中国乳制品进口引力模型结果如下：

$$
\begin{aligned}
\ln IM_{ij} = &-34.3857 - 0.2757 * \ln POP_j + 0.6997 * \ln GDP_i + 0.5651 \ln GDP_j \\
&+ 1.3483 \ln D_{ij} - 3.2326 \ln T_{ij} \qquad\qquad\qquad\qquad (8-4)
\end{aligned}
$$

$$
\begin{aligned}
&(-3.71)\quad(-1.04)\qquad\quad(3.25)^{***}\qquad\quad(2.29)^{**} \\
&(2.09)^{**}\qquad(-4.35)^{***}
\end{aligned}
$$

全局的 R^2 = 0.4030，括号内数字为 Z 统计量，*** 表示符合 1% 的显著性水平，** 表示符合 5% 的显著性水平。从估计结果可以看到，主要解释变量的系数符号与预期基本相同，且多数达到较高的显著性水平。调整自由度 R^2 为 0.4030，表明该模型拟合程度比较理想。

从以上模型结果可知：

（1）中国国内生产总值的估计系数为 0.69，该系数在 1% 的显著性水平下通过了统计检验，表明中国国内生产总值每增长 1%，中国乳制品进口增加 0.69%。中国乳制品进口来源国国内生产总值变量的系数为 0.56，在 5% 的显著性水平下通过了统计检验，表明进口来源国国内生产总值每增长 1%，中国乳制品进口增加 0.56%，这也说明中国 GDP 保持高速增长，人均收入水平上升是未来乳制品消费需求释放的决定因素。

进口来源国人口规模变量的系数为 -0.27，但是该系数没有通过了统计检验。这可能是由于乳制品进口来源国的国内生产总值在增加，而人口数未见增长，而且其消费乳制品的需求处于饱和状态基本已经保持稳定，不会明显增加，则伴随着国内生产总值的提高，其人均 GDP 的相对增高也不会进一步提高对乳制品的消费，但是乳制品的生产还在不断扩大，因此促进了发达国家乳制品的进一步扩大出口。

（2）距离变量的系数为 1.35，虽然通过了统计检验，但是其符号与预期不符，这表明两地地理距离不能形成对乳制品进口的障碍（李慧燕、魏秀芬，2011）。1995~2011 年，向中国出口乳制品数额平均占中国乳制品进口总额 10% 以上的四个国家为新西兰（45.78%）、美国（12.06%）、澳大利亚（11.80%）和法国（10.69%），但是这四个国家与中国首都的地理距离都比较远（见表 8 - 2），而与中国首都地理距离较近的亚洲国家韩国、印度、日本和新加坡，其 1995~2011 年向中国出口的乳制品数额占中国乳制品进口总额的年均比例较小，尤其是韩国。由此可见，中国乳品进口与两地距离间的确不存在明显的负相关关系。

表 8 - 2　　　中国与乳制品来源国进口额占比及两国首都之间直线距离

来源国	澳大利亚	新西兰	美国	法国	荷兰	德国	韩国	日本	印度	新加坡
进口额占比（%）	11.80	45.78	12.06	10.69	4.01	1.73	0.51	2.32	4.40	1.89
距离（公里）	8 973	10 736	11 177	8 259	7 820	7 353	952	2 106	3 777	4 609

资料来源：两国首都空间直线距离通过 Google Earth 软件计算。

（3）由模型可知，进口关税税率是影响乳制品进口的重要因素。进口关税税率变量的系数为 3.23，在 1% 的水平下通过了统计显著性检验，表明进口关税税率与中国乳制品的进口之间有着明显的负相关关系，即税率每提高 1%，会使得中国乳品进口额减少 3.23%；相反，税率降低 1%，会使得中国乳品进口额增加 3.23%。

8.1.4　自贸区建立后中国从澳大利亚乳品进口变化

中澳自由贸易区建立以后，乳制品进口关税税率会逐步降低，2015 年中澳自由贸易区会达成协议，对关税由当前的平均税率 12.14% 分别降低 5%、10%、25%、50% 和 75% 进行测算。由于当关税削减为零时，$LnTr_{ij}$ 将没有意义，因此没有计算关税降低到 100% 时的情况。

为了尽可能减小预测的误差，本书以世界银行网站公布的 1960 ~ 2011 年澳大利亚和中国国内生产总值的数据作为预测的基础数据，利用回归分方法建模（见第 6 章第 2 节回归分析建模部分），再用广义差分法修正模型，从而对已得到的引力模型中的自变量 $lnGDP_i$（中国国内生产总值）和 $lnGDP_j$（澳大利亚国内生产总值）进行预测，并根据国际劳工组织网站提供的 2015 ~ 2050 年世界各国人口预测数据对 $lnPOP_j$（澳大利亚人口总数）进行计算，通过测算得到 2015 年的预测值。测算得知 2015 年中澳自贸区未建立时，中国与澳大利亚的实际 GDP 将由 2011 年的 73 184.99 亿美元和 13 793.82 亿美元，分别上涨 51.9% 和 16.7%，到 2015 年将达到 111 140.11 亿美元及 16 098.89 亿美元（见表 8 – 3）。

表 8 – 3　　　　　　　2015 年引力模型中变量相关预测值

国家	GDP 增长率[1]（%）	GDP 预测值（亿美元）	lnGDP	劳动力增长率[2]（%）	人口预测值（千人）	lnPOP
中国	7.0	111 140.11	30.0392	0.262	1 364 978	21.0344
澳大利亚	4.3	16 098.89	28.1072	1.181	23 763	16.9836

注：①、②都为估计数。
资料来源：笔者计算得到。

再将表 8 – 3 中的 2015 年澳大利亚的人口数、中国与澳大利亚的 GDP

预测值，中澳两国首都之间的距离以及不同程度削减的关税税率，取对数之后，代入在6.1.3部分得到的引力模型公式（6-4）中，得到当前税率降低不同水平后，中国从澳大利亚进口乳制品金额（$\ln IM_{ij}$）的变化。

即中澳自由贸易区成立后，中国自澳大利亚乳品的进口将随着关税税率的降低，而分别增加17.54%、84.81%、264.38%和830.45%（见表8-4）。根据2015年中国自澳大利亚的乳品进口额和澳大利亚国内生产总值的预测值，经估算发现，税率降低不同程度后中国自澳大利亚的乳品进口额显著增长，将达到2 621.65万美元至193 099.25万美元之间。

表8-4　　　　2015年中澳自贸区建立中国进口澳大利亚乳制品变化

进口税率变化	乳制品进口额变化幅度（%）	乳制品进口额预测值（万美元）
-5%	17.54	2 621.65
-10%	84.81	3 081.67
-25%	264.38	5 695.43
-50%	830.45	20 753.28
-75%	—	193 099.25

资料来源：笔者计算得到。

8.2

基于 GTAP 模型的研究

8.2.1　GTAP 研究方法

1. 方法简介

全球贸易分析模型（global trade analysis project，简称 GTAP）是适用于

多个国家或地区的可计算一般均衡模型，从 1992 年建构至今已有 21 年，被广泛应用于贸易政策施行前，模拟标的国家或地区之国内生产毛额、社会福利、就业率、进出口等变化，并根据此分析规划因应措施。GTAP 模型及其资料库是由美国普渡（Purdue）大学教授托马斯·赫特尔（Thomas W. Hertel）所领导的全球贸易分析计划（Global Trade Analysis Project, GTAP）发展出来的，目前已被广泛应用于贸易政策之分析。从 1993 年发布的 GTAP 第一版资料库（包含 15 个国家及地区、37 个商品部门、资料为 1990 年）开始，普渡大学就不断推陈出新，陆续推出了后续版本，到 2012 年已经发布了 GTAP8 资料库，其中包含了 129 个国家及地区、57 个商品部门，所有数据资料均更新到 2007 年。

随着 GTAP 模型的国际知名度不断提升，GTAP 模型及其资料库被各国学者广泛应用于农业政策、能源、气候变化、全球发展等 11 个领域的研究，其中以农业、能源及环境等为最广泛研究运用的领域。资料库采用联合国、世界银行、世界贸易组织、联合国粮农组织等具有公信力的世界贸易资料，同时调整这些国家地区在资料上的差异问题，以获得精确可信的数值，供使用者进行模拟分析（吴佳勋、徐世勋，2010[55]）。

总体来说，GTAP 模型通过建立可细致描述每个国家（或地区）生产、消费、政府支出等行为的子模型，再根据国（区）际间商品贸易的关系，将各子模型连结成一个多国（区）多部门的一般均衡模型。在此模型架构中进行政策仿真时，可以同时探讨政策调整对各国（或地区）各部门生产、进出口、商品价格、要素供需、要素报酬、国内生产总值及社会福利水平的变化。

本书采用 GTAP 模型从宏观经济和产业层面模拟预测了中澳自由贸易区建立后，对于中澳两国经济贸易，尤其是乳业贸易等方面所可能产生的经济影响。由于 GTAP 第八版资料库数据庞大，正版软件很难获得，因此本书采用 2008 年所发行的 GTAP 模型第七版资料库，对中澳 FTA 建立之后，双边贸易状况尤其是乳制品贸易进行分析及预测。GTAP 模型第七版资料库是以

2004 年为基期（即资料库中所有资料的年份均为 2004 年），并包含 57 个部门类别以及 113 个区域类别，时间序列贸易资料是 1992～2006 年。

2. 模型原理

GTAP 模型假定市场是完全竞争的，生产的规模报酬不变，生产者最小化生产成本，而消费者效用最大化，所有产品和投入要素市场全部出清。每种产品的生产采用嵌套的常系数替代弹性方程，中间投入品是由国（区）内和国（区）外产品通过常系数替代弹性方程复合而成。不同的国（区）外产品按原产地进行分类，并通过常系数替代弹性方程复合为单一的进口产品。在要素市场，劳动力在国（区）内是可以自由流动的，而土地在部门间不是完全流动的，所以不同用途的土地价格可以不一致。

每个国家或地区只有一个账户，所有的税收和要素禀赋收入都积聚到这个账户，并通过柯布—道格拉斯效用方程，以固定比例将收入分配到私人消费、存款和政府消费三大部分。私人的支出方程采用 CDE（constant difference of elasticity）方程，政府的支出方程采用柯布—道格拉斯方程。另外在 GTAP 模型中，有两个国际部门（国家银行和国际运输部门），各个国家的储蓄汇总到"国际银行"，并根据资本回报率在各个国家之间进行分配。"国际运输部门"主要负责地区之间产品的运输，平衡到岸价（CIF）和离岸价（FOB）之间的差异，并通过双边贸易将世界各国联系起来。GTAP 模型还体现了不同国家进出口存在着的相应的关税或补贴（出口关税为负，即为补贴）和运费（郭丹丹、陶红军，2011[56]）。

3. GTAP 模型方法另外运用

常规的 GTAP 模型采用比较静态方法进行政策模拟分析，即将政策作为外生变量，将商品的价格和供给、需求及贸易量作为内生变量，将政策变化表示为引入的外部冲击，改变本国最初的市场平衡，然后通过本国贸易量的变化传导到整个世界经济系统，使国际市场均衡发生改变，引起价格调整。

国际市场价格变化再通过国内和国际市场价格联系方程影响到国内市场供给、需求和贸易。这种调整过程要一直持续到所有商品的国际市场同时实现出清，此时得到的新均衡与最初均衡之间的差异，就反映出所引入政策变化产生的影响。在 GTAP 模型中，任何一个国家对涉及任何一种商品的政策进行调整都会影响到所有国家的所有商品，因而 GTAP 模型特别适合用来全面评价贸易政策改革产生的综合性影响。

一般研究中国—新西兰 FTA 或者中国—澳大利亚 FTA 的模拟方法都是在假设资本存量、储蓄率等变量不变的情况下，考察建立自贸区条件下资源配置（资本、熟练与非熟练劳动力、技术效率）效率提高和消费的扩大所带来的 GDP 或福利增长的影响。这种做法忽略了中长期内投资的变动情况，从而无法考察投资和增长之间的互动关系。所以，采取这种比较静态的研究方法得出的研究结论可能会高估或低估贸易的动态经济影响，甚至产生误导（Francois et al.，1999）。

作者认为这种方法及思路未能准确地反映政策变化的长期效应，虽然目前存在改进的方法，例如等递归动态的方法（Walmsley et al.，2000）（杨军、黄季焜、仇焕广，2005），但是仍然存在弊端。由于 GTAP 资料库包含着众多国家及地区农产品部门的相关贸易资料，它应是世界上较完备的资料库，但是由于 GTAP 的基础数据也是来自联合国粮食及农业组织、世界银行等国际网站，而且存在各国数据统计口径不同以及数据重复计算的现象，还得通过数学计算来调整各国家地区资料上的差异。目前全球最新的是由美国普渡大学 GTAP 小组开发的 GTAP 第 9 版数据库，覆盖大约 57 种商品和 140 个地区（Sun Yuhong et al.，2016）。但是考虑数据库的可获得性，本书采用的是 GTAP 模型第 7 版数据库。通过 GTAP 模型得到的模拟结果，仅仅是各国农产品部门变化的相对数，而不是实际变化的数额或者数量。然而在模拟结果中出口国对中国的一些出口产品增加的相对数较大，但是由于其基数较小，所以增加的绝对数并不大，反之亦然（周曙东、吴强、胡冰川，2006）。因此不能仅凭 GTAP 模拟结果得出的变化的相对数来判断自由贸易区建立的经济效应。为了使模拟测算的结果更加贴近现实，作者在不考虑其他农产品贸易的情况下，尽可能从具有公信力的国际网站上搜集到1961～2011年有关中国与澳大利亚、新西兰、美国的全部以及欧盟的部分乳制品贸易数据，并通过科学严谨的方法，预测出2015年这些贸易数据的预测值。再通过GTAP模拟出中国—澳大利亚自由贸易区建立对中国及世界乳制品贸易的影响变化下，进而推算出中澳FTA建立的具体影响数值。

4. GTAP 数据筛选

本书在模型数据库地区变量的选择上，一方面，由于本书重点考察中澳自由贸易区的建立对中国乳制品贸易的影响，而新西兰、美国和欧盟都是中国乳制品重要的进口来源国，因此它们与中国的乳制品贸易均会受到中澳自由贸易区建立的影响；另一方面，由于中国香港和中国台湾与澳大利亚的贸易量相对较小，因此把中国香港和中国台湾合并到世界其他地区进行分析。本书把GTAP模型第七版资料库中的113个地区合并为6个地区，它们分别是 AUS（Australia）、CHN（China）、NZL（New Zealand）、USA、EU 25 和世界其他地区。

五种生产投入要素包括：土地、熟练劳动力、非熟练劳动力、资金及自然资源。本研究认为资本、技术、劳动力和非技术劳动力是可以自由流动的，而自然资源和土地不能进行充分的自由流动。

根据本书的研究目的以及前面第7章第1节的分析可知，谷物、糖、肉类及乳制品都是中澳之间贸易量较大的农产品，而且谷物、糖、肉类的贸易与乳制品贸易之间也有密不可分的联系，但是由于本书仅关注中澳乳制品贸易的情况，因此把57种商品合并为4种商品部门（见表8-5）。4种商品部门分别是：鲜奶（原料奶）、乳制品（乳制品）、其他农产品（谷物、肉类、糖）和其他产业。

表 8 - 5　　　　　　　　　GTAP 资料库中商品部门的分类

代码	新产品部门	旧产品部门归类
Rmilk	鲜奶	鲜奶
Dairy	乳制品	乳制品
Oagr	其他农产品	水稻、小麦、谷物、大米、蔬菜、水果、坚果、油菜籽、植物纤维、农作物、黄牛、羊、山羊、马、动物制品、黄牛肉、羊肉、山羊肉、马肉、肉类产品、糖、甘蔗、甜菜等
Other	其他产业	林业、渔业、制造业、服务业、自然资源与采掘、纺织、皮革、食品加工等

资料来源：根据 GTAP 资料库数据分类整理而来。

5. 设定模拟方案

根据鲍德温（Baldwin, 2008）的研究可知，已经成立了一个自由贸易区的国家如果继续成立第二个自由贸易区，那么它的福利水平会提高[12]。因为，一方面它可以通过降低关税来增加对第二个国家的出口，另外，又有可能减少由于加入第一个自由贸易区带来的贸易转移的效应。根据 2008 年4 月 7 日签署的《中华人民共和国政府和新西兰政府自由贸易协定》，在货物贸易方面，新方承诺将在 2016 年 1 月 1 日前取消全部自华进口产品关税，其中 63.8% 的产品从《协定》生效时起即实现"零关税"；中方承诺将在2019 年 1 月 1 日前取消 97.2% 自新西兰进口产品关税，其中 24.3% 的产品从《协定》生效时起即实现"零关税"。根据中国与新西兰自由贸易协定内容，到 2015 年中国与新西兰之间绝大多数货物贸易关税降为零，在这种情况下，本书考察中国—澳大利亚自由贸易区成立对中国、澳大利亚、新西兰以及美国、欧盟乳制品贸易的影响，具有一定的理论及现实意义。同时从数据模拟的精确性方面讲，根据 1961 ~ 2010 年的数据，预测 2015 年的数据比较具有说服力，准确度也较大。结合以上两方面原因，本书把基准方案设定在 2015 年。

GTAP 第 7 版数据库反映的是 2004 年的世界经济贸易数据，通过导入未来引起社会经济状态变化的主要因素，从而得到一个未来某一时期的世界经济状况，其结果主要是用于作为政策模拟方案的参照系，即基准方案。本研究的基准方案定为 2015 年世界经济发展前景模拟，以此为基础分析中澳自由贸易区这一政策对基准方案产生的影响。

本书设定了以下两种方案：

（1）基准方案：以 2015 年世界经济发展前景模拟为基准方案。不考虑政策变化，经济增长（GDP）为内生变量，技术变化为外生变量。

（2）对比方案：在基准方案的基础上，假设中国和澳大利亚建立自由贸易区，两国间各种产品的进口关税减为 0，SPS 和其他非贸易壁垒引起的出口关税等值也减为 0。

在政策方案中，参与国之间取消所有商品的双边进口关税，保持各自对区域外国家地区的关税壁垒。将这样的关税调整"冲击"基准方案，通过 GTAP 模型计算得到政策方案相对基准方案的变化，本书重点研究主要国家的奶业部门所受到的影响。

8.2.2 2015 年基准方案的推演

1. 数据方法及影响因素

GTAP 模型得到的结果主要是用相对于基期数据的变化率来表示的，因而有必要了解基期数据反映的贸易格局。本书采用世界贸易组织、世界银行网站公布数据，根据 1961~2010 年世界乳制品及其他农产品贸易的基本格局，利用回归分析方法建模，再采用广义差分法对模型进行修正，运用 Eviews7 软件推演 2015 年世界贸易的基本情况。

回归分析模型中，各国鲜奶和乳制品的产量、出口量数据来自 FAO 网站，出口价格数据是根据出口价值与出口数量之比预测得到。其中欧盟 27 国数据是来自 Eurostat 网站上提供的 2000~2011 年欧盟 27 个成员国鲜奶和乳制品（主要是黄油、奶粉和奶酪）的产量和出口量之和。澳大利亚、新西兰、美国鲜奶的国内价格采用的是 FAO 网站上提供的生产者价格（Producer Price）单位是（US ＄/tonne）（USD）预测得来，欧盟鲜奶的国内价格是采用 Eurostat 网站上提供的 2000 ~ 2011 年欧盟 22 个主要成员国（其他成员国的数据无法获得）原料奶的销售价格（Selling prices of raw cow's milk）单位是（EUR per 100 kg），即产品生产者的绝对价格（其中扣除增值税）的平均值预测而来。

2. 回归分析建模

回归分析研究的主要对象是客观事物变量间的统计关系，它是建立在对客观事物进行大量实验和观察的基础上，用来寻找隐藏在那些看上去是不确定的现象中的统计规律性的统计方法。回归分析方法是通过建立统计模型研究变量间相互关系的密切程度、结构状态、进行模型预测的一种有效的工具。

（1）理论模型的数学形式

本书以 $year$（年份）为解释变量，以需要预测的贸易数值 x 为被解释变量，建立 x 关于时间 $year$ 的回归模型。

相对于非线性序列的回归建模，线性序列的回归建模方法成熟很多，所以在处理非线性序列时，首先想到的方法就是把它转换成线性序列，建立线性模型，最后再通过逆转换得到最终模型，常用的转换方式是对等式两边取自然底对数。

模型形式由

$$x = ae^{b*year}e^{\varepsilon} \qquad (8-5)$$

转变成了

$$\ln x = \ln a + b*year + \varepsilon \qquad (8-6)$$

令 $x' = \ln x$，$\beta_0 = \ln a$，$\beta_1 = b$，于是得到 x' 关于 $year$ 的一元回归模型

$$x' = \beta_0 + \beta_1 year + \varepsilon \qquad (8-7)$$

模型转化为比较成熟的线性形式，并且转化后模型的线性趋势非常明显。

（2）模型序列相关性检验

残差序列之间相互独立也是古典线性模型的基本假定之一，在实际经济问题中，时间序列通常具有序列相关性。序列相关性检验的方法有图示检验法、回归检验法、D. W. 检验法等。本书主要采用 D. W 检验法对时间序列进行相关性检验。D. W 检验是杜宾（J. Durbin）和瓦森（G. S. Watson）于 1951 年提出的一种检验序列自相关的方法。D. W. 值的计算公式为：

$$D.W. = \frac{\sum\limits_{t=2}^{n}(\tilde{e}_t - \tilde{e}_{t-1})}{\sum\limits_{t-1}^{n}\tilde{e}_t^2} \text{，式中} \tilde{e}_t \text{ 为残差序列。} \qquad (8-8)$$

当 $D.W. \approx 0$ 序列存在完全一阶正相关；当 $D.W. \approx 4$ 时序列存在完全一阶负相关；当 $D.W. = 2$ 时序列完全不相关。

（3）模型的修正

当模型产生序列相关性时，常用的修正方法为广义最小二乘法和广义差分法，本书采用广义差分法对模型进行修正，此时模型的理论形式修改为：

$$x' = \beta_0 + \beta_1 year + [AR(1) = \beta_2] + \varepsilon \qquad (8-9)$$

在贸易值预测的计算中，若出现序列相关性，则通过对贸易数值 x 取对数进行模型修正或者用广义差分法进行调整。经过修正之后的模型可以从残差序列看到序列相关性得到有效消除，模型拟合效果十分好。调整后输出的 $D.W.$ 值都位于 0.6～2.2，并且调整后得到的预测值经过检测都通过了统计性检验（一般在显著性水平为 0.05 或者 0.01 下通过统计性检验），因此预测结果具有一定的可信度。

3. 推演结果

根据现有的历史数据带入回归分析模型，预测得到 2015 年世界主要奶业出口国原料奶和乳制品的生产及出口贸易情况。目前美国和欧盟自由贸易协定的谈判已经进入最后准备工作，预计这项自贸协定 2015 年能够完成，范围将覆盖全球经济产出规模的一半，可望使欧盟 GDP 每年提高 0.52%[①]，欧美也将先于中国和印度参与制定全球贸易的新规则。因此美国和欧盟的原奶和乳制品产量及出口量都会相应增加。但是由于中澳自由贸易区建立对欧盟 27 国乳制品的产量和出口量都没有影响，因此本书重点分析中澳自由贸易区建立对澳大利亚、新西兰和美国的乳制品贸易影响。

如表 8 - 6 所示，中国 2015 年原奶产量为 6 103.74 万吨，高于澳大利亚（962.77 万吨）和新西兰（1 791.01 万吨），但是低于美国的 9 233.03 万吨，以及欧盟 27 国的 14 519.74 万吨。由于中国原奶的生产方式还比较落后，规模化牧场的发展时间与西方奶业发达国家相比还较短，因此中国原奶的生产者价格远高于澳大利亚、新西兰、美国以及欧盟 27 国。其中新西兰的原料奶生产价格最低，仅为每吨 368.78 美元，与其他三个国家和地区相比最具有竞争力。新西兰鲜奶的出口量最大，为 28.6 万吨，澳大利亚为 6.2 万吨，中国的出口量最少仅为 4.07 万吨。

表 8 - 6　　　　　2015 年世界主要国家鲜奶的生产及出口情况　　　　单位：吨、美元/吨

国家	产量	生产价格	出口量	出口价格
中国	61 037 411	692.02	40 735.58	667.02
澳大利亚	9 627 692	432.88	62 020.37	954.97
新西兰	17 910 105	368.78	285 973.90	679.06
美国	92 330 322	372.45	45 171.97	887.58

资料来源：Eviews 7 软件计算得到。

根据 Eviews 预测结果，到 2015 年世界各国乳制品产量均会增加，中国乳制品的产量将会达到 54 万吨，澳大利亚为 68 万吨，新西兰为 125 万吨，美国约为 832 万吨，而欧盟乳制品产量约为 1 095.7 万吨。各国出口量也都

---

① 欧盟贸易执委称与美国自贸协定谈判进入最后准备阶段，路透中文网，2013 年 1 月 28 日. http：//cn. reuters. com/article/CNIntlBizNews/idCNCNE90R06420130128。

有所增加，乳制品出口价格上涨（见表8-7）。

表8-7　　2015年世界主要国家乳制品的生产及出口情况　　单位：吨、美元/吨

国家	产量	出口量	出口价格
中国	540 989	268 096	1 189.34
澳大利亚	680 762	5 269 541	921.74
新西兰	1 252 290	14 276 426	870.38
美国	8 317 259	6 659 807	717.93

资料来源：Eviews 7 软件计算得到。

8.2.3　GTAP模拟结果与分析

1. 中澳自贸区建立对世界乳制品贸易的影响

在中国—澳大利亚自由贸易区建立之后，双方取消对方所有的乳制品进口关税以及相关的 SPS 和其他非贸易壁垒引起的出口关税，在这种情况下，根据 GTAP 模拟结果对世界乳制品贸易情况的变化进行分析。由于新西兰承诺将在2016年1月1日前取消全部来自中国进口货物产品的关税，可以预期到2015年中国与新西兰的乳制品贸易量将进一步扩大。

中澳自贸区建立并取消全部乳制品关税及非关税壁垒之后，中国鲜奶（即原料奶）的产量将下降0.05%（见表8-8），澳大利亚原料奶的产量将增加0.04%。新西兰的原奶产量将增加0.10%，美国和欧盟的原奶产量不变。这可以理解为，由于澳大利亚原料奶的生产成本显著低于中国的水平，原料奶关税下降后，提高了进口乳品的竞争力，刺激乳品进口量增加，由于受到原料奶进口增加和国内乳制品生产下降的影响，中国原料奶的生产受到不利影响，国内产出量呈小幅减少。此外，由于乳制品需求的刺激，加之中新乳制品关税在2015年将进一步降低，因此新西兰原奶产量将会进一步增加，预计将为1 792.80万吨。同时经测算，2015年中国原料奶产量将达到

6 100 万吨，澳大利亚将为 963.20 万吨，而美国为 9 233 万吨。

表 8-8　　　　　　　　中澳 FTA 建立后的模拟结果　　　　　　单位：%

国家	鲜奶		乳制品	
	产量	国内价格	产量	国内价格
中国	-0.05	0.10	-1.50	0.08
澳大利亚	0.04	0.28	0.02	0.28
新西兰	0.10	-0.07	0.11	-0.07
美国	0	-0.01	0	-0.01
欧盟	0	-0.01	0	-0.01
世界其他地区	0	-0.01	0.01	-0.01

资料来源：GTAP 模拟结果。

　　相对于原料奶的变化，中澳自贸区建立对乳制品生产的影响更加明显。中国乳制品产量将会下降 1.50%，2015 年达到 53.29 万吨，而澳大利亚和新西兰乳制品产量分别增加 0.02% 和 0.11%，2015 年分别达到 68.09 万吨和 125.37 万吨。这表明，由于澳大利亚原料奶的生产成本显著低于中国的水平，在削减关税的情况下，中国从澳大利亚进口乳制品的数量必然显著增加，而对澳大利亚乳制品出口则增长有限，使得中国乳制品的产量出现下降。

　　未来中国原料奶国内价格将会上升 0.10%，这与本书第 3 章的 3.2.3 节中分析中国牛奶生产成本较高，尤其是规模化牧场所得到的分析结果一致，澳大利亚原奶的国内价格也呈上涨趋势；新西兰、美国、欧盟的原料奶国内价格小幅下降。这可以理解为，由于原料奶的贸易量较小，进口增长幅度非常小，因此削减关税对中国国内原料奶的生产价格影响不大，生产价格并没有随着进口价格的降低而降低。同时中国乳制品国内价格出现小幅上升，其主要原因在于乳制品生产要素投入价格小幅上升所致。

　　2015 年中澳自贸区建立以后，对新西兰、美国和欧盟的原料奶和乳制品国内价格的影响都不大，主要是对中国和澳大利亚原料奶的国内价格有一定的影响。中国原料奶的国内价格上升至每吨 692.71 美元（见表 8-9），而澳大利亚原奶的国内价格也由原来的 432.88 美元/吨上涨至 434.09 美元/吨。

表 8-9　　　　　　2015 年中澳自贸区建立后主要国家乳品生产　单位：吨、美元/吨

国家	鲜奶		乳制品
	产量	国内价格	产量
中国	61 006 892	692.71	532 874
澳大利亚	9 631 543	434.09	680 898
新西兰	17 928 015	368.52	1 253 668
美国	92 330 322	372.41	8 317 259

资料来源：笔者计算结果。

从出口量来看，相对于美国、欧盟和新西兰，澳大利亚对中国原奶的出口量将有小幅增加，约为 0.64%。澳大利亚在对中国乳制品出口量迅猛增加（76.88%）的同时，分别减少了对美国（2.10%）、欧盟（2.06%）和新西兰（1.43%）的乳制品出口量。中国的乳制品出口量将下降 6.65%，2015 年将为 25.03 万吨，澳大利亚的出口量也小幅下降约1.25%，2015 年约为 520.37 万吨，而新西兰乳制品出口量总体上升了0.95%，2015 年将达到 1 441.21 万吨。在乳制品出口价格上，中国的乳制品出口价格远远高于澳大利亚、新西兰及美国，中澳自贸区建立后，由于中国乳制品的生产要素价格不断上涨，乳制品出口价格还将小幅上涨，达到每吨 1 190 美元，而澳大利亚的乳制品出口价格也有所上浮，达到924.32 美元/吨。

综上所述，可知中澳自贸区建立后，中国原料奶产量下降的比例将大于澳大利亚原料奶产量增加的比例，并且中国乳制品产量的下降幅度要高于原料奶产量的下降幅度，这一结论与前人的相关研究结果一致，例如杨军、黄

季琨、仇焕广（2005）[4]在没有考虑中国—新西兰自由贸易区建立的影响下，模拟 2010 年建立中澳自由贸易区对两国奶制品（包括鲜奶和乳制品两个部门）产量的影响分别是：澳大利亚奶制品产量将增加 0.45%，而中国奶制品产量将下降 0.49%。彭秀芬（2009）[5]同样以 2015 年为基准方案，以中国与新西兰以及中国与澳大利亚自由贸易区建设为政策方案。模拟得到的结果是中国鲜奶产量将下降 0.44%，乳制品产量将下降 7.89%。喻闻、程广燕、杨军（2010）[7]同样在中国—新西兰自由贸易区建立的基础上，假定中国与澳大利亚之间的关税和非关税全部为零，研究结果表明中国奶制品（包括鲜奶和乳制品两个部门）产量将下降 3.6%，而澳大利亚奶制品产量将增加 0.41%。张海森、杨军（2008）[6]基于棉花产业的视角，在不考虑中国—新西兰签订自贸协定的基础上，模拟 2006~2015 年中澳自贸区建立对中国乳制品生产的影响，结果表明中国乳制品产量将下降 0.68%。由此可以看出，在模拟中澳 FTA 建立对鲜奶及乳制品的影响时，如果考虑到中国—新西兰 FTA 的政策变化，模拟结果显示中国乳制品产量的下降幅度会加大。

2. 2015 年中国乳制品贸易变化情况

2015 年中澳自由贸易区建立后，由于中国与澳大利亚之间的乳制品进口关税逐渐降为零，中国从澳大利亚进口乳制品的价格将下降 11.36%，中国从澳大利亚的乳制品进口量将显著增加 76.88%（见表 8－10），同时将减少 5.61% 的来自新西兰的乳制品进口量，从美国的进口量将减少 5.98%，也将减少 6% 的来自欧盟的进口乳制品数量。这表明，由于中国没有削减对世界其他国家的进口关税，所以澳大利亚的乳制品更具价格优势，从澳大利亚的进口部分地替代了从新西兰、美国、欧盟及世界其他国家或地区的进口。

表 8 - 10　　　　　　　　　2015 年中国与各国乳制品贸易情况　　　　　　　单位：%

	澳大利亚	新西兰	美国	欧盟	世界其他地区
进口量	76.88	- 5.61	- 5.98	- 6.00	- 5.98
出口量	3.78	- 0.04	- 0.63	- 0.63	- 0.55
进口价格	- 11.36	- 0.06	- 0.01	- 0.01	- 0.01

注：负号表示下降。
资料来源：GTAP 模拟结果。

在出口方面，中国增加了对澳大利亚的乳制品出口量，增加幅度为 3.78%，同时减少了向新西兰、美国和欧盟出口乳制品的数量，下降幅度分别为 0.04%、0.63%、0.63%。但是中国对澳大利亚乳制品出口的增长极其有限，当双边关税降为零时，中国从澳大利亚进口乳品的价格下降幅度较大（11.36%），而澳大利亚从中国进口乳品的价格下降幅度则较小（0.40%）。

由此可见，中澳自由贸易区建立的贸易创造效应和贸易转移效应都比较明显。中国—澳大利亚自由贸易区的建设，将会促进双边乳品贸易的发展，增加中国和澳大利亚双边进出口贸易，而对从其他地区的乳制品进口量和出口量会减少。

根据回归分析模型测算结果可知，2015 年中国从澳大利亚进口乳制品数量为 4.32 万吨（见表 8 - 11），但是由于中澳自由贸易区的建立，该数值将达到 7.64 万吨；而中国从新西兰进口的乳制品数量将从 47.28 万吨下降到 44.62 万吨，同时中国从美国进口的乳制品数量也由中澳自贸区没建立前的 33.09 万吨，下降到 31.11 万吨。

同时，中国从澳大利亚进口乳制品的价格 2015 年将为 4 205.50 美元/吨，中国从澳大利亚进口乳制品的价格将下降 11.36%，因此该进口价格应该为每吨 3 727.75 美元。2015 年中澳自贸区建立之后，中国从澳大利亚进口乳制品金额将为 28 480 万美元。由此可知，2015 年中澳自贸区建立将使得中国从澳大利亚进口乳制品数量增加 3.32 万吨，进口额将增加 10 312.24 万美元，进口价格将下降 477.75 美元/吨。

表 8-11　　　　　2015 年中国从澳大利亚乳制品进口贸易量值

	中澳 FTA 建立之前	中澳 FTA 建立之后
进口量（万吨）	4.32	7.64
进口价格（美元/吨）	4 205.50	3 727.75
进口额（万美元）	18 167.76	28 480.00

资料来源：笔者计算得到。

同时，本书测算了中国从新西兰和美国进口乳制品的价格分别为 4 476.7 美元/吨和 2 104.68 美元/吨，而价格分别下降了 0.06% 和 0.01%，由此得到中澳自贸区建立后，中国从新西兰和美国进口乳制品的价格分别为 4 474 美元/吨和 2 104.47 美元/吨，进而计算得到 2015 年，中国从新西兰和美国进口的乳制品金额分别为 19.96 亿美元和 6.55 亿美元，比 2011 年中国从新西兰进口的价值 16.42 亿美元的乳制品还增加了 3.54 亿美元，而相比于中国 2011 年从美国进口 2.92 亿美元的乳制品，也上涨了 3.63 亿美元。

经测算，2017 年澳大利亚、新西兰、美国和欧盟牛奶产量将分别同比增加 3%、1%、2% 和 0.33%，中国牛奶产量同比下降 0.05%（见表 8-12），乳制品产量 2 948.3 万吨。

表 8-12　　　2015 年中澳自贸区建立后主要国家牛奶产量及预测值　　　单位：百万吨

国家	2015	2016	2017 预测值	预测值的变动
中国	37.55	35.70	35.68	-0.05%
澳大利亚	9.8	9.2	9.5	3%
欧盟	150.2	152.0	152.5	0.33%
新西兰	21.6	21.4	21.6	1%
美国	94.6	96.3	98.3	2%
合计	287.8	289.3	292.5	1.26%

资料来源：作者计算得到。

8.3

两种方法分析结果比较与讨论

8.3.1 结果比较

GTAP 模型测算出在 2015 年中澳自贸区建立的背景下，中国从澳大利亚进口乳制品金额为 28 480 万美元，与引力模型的测算结果相比，28 480 万美元在 2 621.65 万美元至 193 099.25 万美元之间，并且 GTAP 模拟的结果接近于引力模型中中澳乳制品进口关税削减到 50% 所得到的结果（20 753.28 万美元）。并且通过 GTAP 模型还可以得到原料奶和乳制品生产方面的模拟结果，这一点是引力模型无法比拟的。

8.3.2 结果讨论

两种模型在同样运用修正后的回归分析模型预测变量值的情况下，得到的数据相差较大，还说明了可能由于没有在构建引力模型的时候考虑到除了关税之外的其他"排斥力"因素（虽然考虑到两国首都的距离对中国乳制品进口额的排斥力作用，但是该变量在引力模型中不显著，因此该变量没有起到排斥的作用），导致关税成为中国从澳大利亚进口乳制品唯一也是最有影响力的因素，可能使引力模型得到的变量系数存在偏差。此外，本书用 GTAP 模型测算的中国从澳大利亚乳制品进口额结果，与李慧燕、魏秀芬（2011）通过引力模型所得到的结果相似，同样是在中澳乳制品进口关税削减到 100% 所得到的结果（30 926.97 万美元）比较接近，而本书所构建的引力模型与李慧燕、魏秀芬（2011）构建的引力模型的不同之处，在于本书最后得到的进行预测的引力方程中考虑到了乳制品来源国人口数量对乳制品贸易额的影响，但是该变量没有通过统计性检验。

第 *9* 章

中澳乳品贸易的政策建议

回顾前面分析的主要结果，可以看出中国在逐步向澳大利亚开放农产品贸易、非农产品贸易、服务贸易及投资等方面，政府有着不可推卸的责任。

作者首先从生产和消费两个方面分析了中国乳制品供给和需求的不协调。分析结果表明，目前中国原料奶生产与国际乳制品价格之间的联动关系越来越密切，国际乳品价格下降将会直接影响中国乳企收奶的渠道选择，导致大量本土散户倒奶杀牛，消费者出于食品安全的考虑仍然偏爱进口乳制品，乳制品供给和需求矛盾突出，由此可以看出，政府需要出台合理的产业政策加以引导与控制。

其次，作者利用中国 1995～2011 年乳制品进口贸易数据构建市场份额模型，从贸易规模效应、结构效应以及竞争力效应三个方面探讨奶粉、奶油和奶酪三种乳制品进口贸易的阶段性特征。研究结果表明，由于澳大利亚和新西兰在乳品生产上具有极大的优势，从 2009 年两国对乳制品综合支持量均降为零，而对于中国来说乳业仍属于幼稚产业，随着中国与新西兰、澳大利亚等国先后签订双边自贸协定，逐步开放乳制品市场，需要政府把握长期大趋势，把开放政策带来的产业损失降到最低，给两国相关行业一个缓冲的时间。

最后，作者从双边经济贸易、商品贸易、服务贸易以及双向投资角度全面分析中澳双边贸易关系，并运用引力模型和 GTAP 模型，分别研究了 2015 年中澳自贸区建立对中国乳品生产及进口贸易的影响。模型结果表明，乳制品进口关税对中国乳品进口贸易量有显著影响。根据2014年11月实质性结束中澳自由贸易协定谈判的意向声明，中国承诺将在4~11年内取消澳大利亚乳制品行业关税，15%的婴儿配方奶粉关税将在4年内取消。针对贸易引力模型和GTAP模型分析结果，作者将在产业结构、适度进口和加强对外投资方面提出针对性的政策建议。

9.1

产业结构方面

9.1.1 种养结合模式推进奶业可持续发展

澳大利亚草原和土地资源丰富，特别是拥有高质量的牧草，适宜的气候和茂盛的牧草使得全年放牧成为可能。以放牧为主或种养结合的生产方式，既保证奶牛生产所需的饲草饲料、特别是青贮饲料和优质牧草的供应，充分发挥奶牛的遗传潜力；又保证合理利用奶牛粪便还田，增加有机肥的施用量，提高作物产量，形成动物、植物、微生物三者平衡的生态农业系统，可谓一举多得。在美国、欧洲等一些奶业发达国家，奶牛生产必须配套饲草饲料地，种养结合的奶牛生产方式十分普遍，即使在土地资源稀缺的荷兰、日本等国家，种草养畜也被十分重视，只不过不同国家根据资源禀赋的不同，配套的饲草料地比例不同。

中国奶业目前进入转型时期，特别是当前随着标准化规模养殖的迅速推进，奶牛粪污处理和环境保护问题越来越突出。因此，在发展现代奶牛养殖业的过程中必须实行农牧结合。我国幅员辽阔，可以针对不同地区的特点进行规划，如在大城市郊区，土地资源紧缺，可考虑发展集约化规模养殖；在农区和牧区，可利用草地、山地和耕地，发展种养结合的奶牛养殖模式，提高奶牛生产的质量效益。例如在以草地、沙地和沙漠为主的内蒙古，草地和沙地蕴藏着巨大的生产潜能，既是重要的国土资源，也是维系全国生态安全和少数民族生产生活的重要载体。目前，内蒙古沙草产业已成为一项具有战略意义的产业，有实力的乳企可以将钱学森的沙产业理论与沙漠全程有机产业链完美融合，在沙漠种植有机草料，不仅能产生经济价值，同时还兼具生态环保效应。

9.1.2　建立利益合理分配的合作社模式

由于澳大利亚的奶农是奶业的主体，乳品加工企业大体都是奶农合作社性质，如澳大利亚最大的乳品企业 MG 就有 2 695 个牧场股东。奶农通过持股、分红和参与董事会，对乳品企业和政府产生影响。包括奶业的行业组织、服务部门和研究机构，都得到了奶农的支持，所以他们的服务目的非常明确，就是要为扩展澳大利亚乳制品的市场、提高奶农的收益服务。虽然全国只有 7 500 多个奶户，但是他们的组织化、结构化、一体化程度高，协调性好，在国内和国际市场上的影响和话语权较大，能够有效保障自身的权益。而我国正是在这些方面存在缺陷。大量奶户和乳企之间没有有效的利益联结机制，权益矛盾突出，由此带来交易成本高，质量安全无法保障，社会成本非常高等问题。我国可借鉴国外的经验，有序提高原料奶生产、乳品加工、市场营销环节的依存度，通过建立奶农合作社、奶牛场入股加工企业及自建乳品企业等方式推进一体化经营，推进利益合理分配的同时保证牛奶生产的优质高效。

9.1.3　引导开发乳品消费市场

据美国农业部（USDA）预估，2014 年中国人均奶制品消费量（换算成液态奶）为 28 公斤，远低于全球 80.9 公斤的平均水平。预计这一差距将缩小，但是鉴于中国和西方饮食差异，未来三年，中国人均奶制品消费量将达到30.9公斤（年复合增长率3.4%），与中国台湾地区和韩国相当。未来数年，现代化奶场持续投资将可以保证高端牛奶供应，预计2015~2016年原奶价格稳定在每公斤5~5.1元。

与毒奶粉丑闻并行的是中国独生子女政策松动带来的婴儿潮、日益壮大的中产阶级消费力增强以及向偏重蛋白质发展的饮食转变，这些都推动了中国对奶粉和其他奶制品的需求。虽然从2008年大型牧场（超过500头奶牛）乳制品生产的份额，占乳制品生产总量的17%迅速增长到2011年的27%。但是中国国内生产商在满足国内增长的需求时面临多重挑战，加之国内原奶产量在供应链结构性变化过程中处于调整状态，中国乳制品进口需求的增长至少会在未来两至三年内持续上升。鉴于我国乳品需求结构和需求水平在城乡方面的差异，政府应当出台扶持政策鼓励乳品下乡，开发广大农村市场。

9.2

逐步放开乳品市场，防止进口乳品恶意倾销

9.2.1 分阶段逐步开放乳制品市场

澳大利亚乳业发达、乳制品国际竞争力强，中澳自贸区建立之后，中国乳制品贸易逆差的压力将进一步扩大。乳制品进口关税减让到不同程度，会促使中国从澳大利亚进口乳制品金额以数量级的方式递增。因此在中澳自贸协定的谈判中，要争取对乳制品关税的减让能够分阶段、分产品进行。近年来，中国奶粉尤其是配方奶粉的进口数量激增，极大地挤占了国内配方奶粉的市场份额，因此，在谈判中对配方奶粉等特殊产品要争取更长的过渡期。同时，提高乳制品特殊保障措施按数量触发的标准，并把澳大利亚严格的动植物检验检疫标准等有重要影响的技术壁垒纳入谈判进程。

9.2.2　充分利用政策支持乳业可持续发展

随着中国牛奶产量的不断增加，中国已经成为世界上最重要的牛奶生产国之一。亚洲诸国、俄罗斯联邦、阿尔及利亚、墨西哥、沙特阿拉伯和美国对牛奶及乳制品都具有很强的需求（B. Blaskó，2011[101]）。中国乳制品的出口前景较好，但是由于中国乳业的生产水平相对落后，2015 年中澳自贸区建立后，中国约 3.05 万吨的原奶生产将受到影响，同时 8 115 吨的乳制品生产将受到打击，这将会对原奶生产者，尤其是奶牛养殖散户，造成毁灭性的打击，因此必须利用 WTO 允许范围内的政策条款，加大对乳业生产的保护与支持，在"黄箱"政策中可以适当设置乳制品的综合支持量措施，例如可以加大对冻精、种牛、饲料等乳业生产资料投入的补贴，同时应当进一步加强对奶牛养殖业政策保险、科技人员培训、奶牛疫病防治等"绿箱"政策措施的投入和支持力度，促进中国乳业生产的可持续发展。

9.2.3　建立乳品进口预警机制

目前，我国已有数十家乳品企业和进出口商参与了恒天然环球乳制品交易网的拍卖，GDT 中每个奶制品的预期价格对我国乳制品企业都有巨大的影响。一方面，我国乳品企业可以在网上的众多卖家中，寻找到适合自身企业的产品，从而生产适合中国消费者的产品，并且以自身能够支付的比较透明的价格购买；另一方面，GDT 公开发布乳制品贸易加权价格指数（GDT－TWI），它是基于全球乳品拍卖交易价格以及全球贸易集中的产品数量计算而来。它不仅反映了全球乳制品的价格情况，而且在一定程度上影响着世界原料奶的供应。它直接影响着我国乳品企业的购买活动，拍卖结果对于我国乳制品进口，乃至整个奶业行业都有一定的影响。密切跟踪、及时分析其拍卖动态并研判其未来趋势，甚至要制定相应的应急预案，对保障我国乳业产业安全具有重要意义。

9.3

利用开放政策，增强乳业国际竞争力

9.3.1 抓住机遇，鼓励乳企海外投资建厂

我国农业资源比较稀缺，发展奶业的限制因素比较多，牛奶成本比较高。一些公司有意在海外收购牧场发展奶牛饲养业，但行动比较缓慢，成功的经验不多。而澳大利亚奶业具有优良条件和巨大的生产潜力。一些日本公司在澳大利亚生产乳品出口到国内，即使像新西兰这样的国家也在澳大利亚购买牧场发展乳品加工业，产品出口到世界各地。中国乳品企业应充分利用中澳自贸协定的有利条款，以直接投资或合资的形式扩大对澳投资，直接参与澳大利亚乳制品的生产及出口环节。

奶源基地一直以来都是我国乳企海外投资的重点，中澳建立自贸区双边关税削减将会给中国乳品加工企业的进口提供便利条件，中国的乳品加工企业可以不用再紧盯着进口新西兰乳制品，而且不用再受制于新西兰不断上涨的乳制品定价约束，虽然现在中澳乳制品贸易的总量不大，但是随着澳大利亚奶牛养殖场的规模不断扩大，中澳自贸区建立后，随着进口价格的下降，中国乳品企业从澳大利亚进口乳制品数量及金额将会增加。此外，中澳自贸区建立将使得国内乳企在海外并购的难度大大降低，极大地促进中国乳品企业扩大对澳投资，并利用澳大利亚的优质资源直接生产并出口乳制品，这样不仅可以获得澳大利亚的优质奶源基地，还可以避免跨国交易所产生的法律和政策成本。同时，由于可以雇佣中国工人，海外人力成本也将下降。

9.3.2　优化出口结构，拓展出口市场

在国际乳制品市场上，由于贸易自由化使得欧盟和美国等高补贴的发达国家乳制品的国际竞争力下降，而东亚、东南亚的乳制品市场潜力巨大，因此，中国香港、日本等国家和地区应作为中国重点开发的乳制品出口市场。研究表明，区域自由贸易安排对农产品出口有显著的促进作用，但不同种类的区域自由贸易安排对农产品出口的促进效应存在明显差异，"南南型"区域自由贸易协定对农产品贸易的促进作用比"北北"型和"南北"型都更为明显。未来中国在实施区域贸易自由化战略过程中，应尽量选择与发展中国家达成区域自由贸易安排，尤其是开拓发展较快、乳制品消费增长势头强劲的发展中国家市场。

9.3.3　加强乳业技术交流与合作

奶牛养殖环节的技术和管理人员要求专业性较强，奶牛养殖在保障"硬件"条件的同时，更需要生产性能测定、全混合日粮饲喂、信息化管理技术等"软件"条件的配套。澳大利亚乳制品最大的特点就在于其天然、绿色及安全性，因为澳大利亚政府对消费品行业非常重视，特别是在使用天然、安全的原料以及用高效的生产环节制造出来，都有非常严格的要求和监管，再加上对奶牛的定期检查及技术人员的专业化、科学化管理，在安全方面得到保障。

中澳自贸区建立实现了中澳双边贸易的进一步深化。双方要进一步拓宽合作领域，发展中澳在乳制品深加工、原料奶质量控制、质量保障体系建设以及全产业链监管追溯体系等方面的技术交流与合作，尤其是在加强专业技术人员培训方面，如配种员、兽医和牛场场长等，提高中澳双方奶业的科技水平，使两国的奶业生产、加工迈上一个新的台阶。此外，在中澳自贸区建

立之前，中国苜蓿进口主要是来自美国和加拿大，中国未放开澳大利亚苜蓿进口政策，导致苜蓿草进口来源单一，并且由于进口数量多，美国出口商逐年提价。可以预见不久的将来相关部门将放开进口澳大利亚苜蓿草政策，中国苜蓿进口渠道放宽，成本也将下降。

结论与展望

本书以中国乳制品的供给和需求为出发点，在全面了解世界乳制品市场贸易形势以及中澳乳制品贸易特点的基础上，先后利用市场份额（CMS）模型、引力模型以及全球贸易分析模型（GTAP模型）研究中国乳制品贸易的市场结构、竞争力、影响中国乳制品进口贸易的主要因素，以及中澳自由贸易区建立给中国奶业发展所造成的影响进行模拟和分析。

研究的主要结论如下：

（1）2015年中澳自贸区建立，中国乳品生产和进口贸易将会受到影响。在生产方面，中国原料奶和乳品的产量均有所下降，原奶生产价格将小幅上涨；在数量方面，中国从澳大利亚进口乳品数量将明显增加（76.88%），同时减少了从新西兰（5.61%）、美国及欧盟的乳品进口量，但是下降幅度不大；在价格方面，中国从澳大利亚、新西兰、美国及欧盟的乳品进口价格均下降，其中从澳大利亚进口价格降幅最大；在市场结构方面，由于目前中澳乳品贸易基数小，新西兰和美国仍然是中国最主要的乳品来源国，但中澳乳品贸易发展潜力巨大。

（2）中国奶牛养殖业通过结构调整，生产规模不断扩大；由于饲料价格上涨，生鲜乳价格上调，规模化牧场生产成本较高。国内液态奶消费量占产量之比从2008年开始下降，而干乳制品进口量明显增加，进口价格迅速上涨。中国乳品进口依存度和市场集中度明显上升，来自新西兰与澳大利亚的乳品进口额差距不断扩大。由于澳大利亚的原奶收购价格比新西兰更具有比较优势，随着澳大利亚肉羊产业逐渐向乳业转型，其乳制品进口的影响将不可小觑，中澳自贸区建立后中澳乳制品贸易发展空间将会较大。

（3）通过引力模型计算得知，中国和贸易伙伴国的国内生产总值、乳制品进口关税等变量对中国乳品进口贸易量具有显著的影响，而与两地首都间的距离不存在明显负相关关系。在其他条件不变的情况下，随着乳制品进口关税降低5%、10%、25%、50%和75%，中国自澳大利亚乳制品进口额将逐步增加17.54%、84.81%、264.38%和830.45%。假设2015年中澳自贸区建立后，中国从澳大利亚乳制品进口额将分别达到2 621.65万美元、3 081.67万美元、5 695.43万美元、20 753.28万美元以及193 099.25万美元。

（4）GTAP模型结果表明，假设2015年中澳自贸区建立，中国从澳大利亚乳品进口迅速增长，而出口增速缓慢，中国与澳大利亚乳品贸易的逆差压力将会进一步扩大。中国从澳大利亚乳制品进口额将增加10 312.24万美元，进口金额将达到28 480万美元。进口乳制品价格将下降11.36%，即每吨3 727.75美元，相比于从新西兰进口乳品价格（4 474美元/吨），澳大利亚对中国乳制品出口上更具有竞争力。2015年中澳自贸区建立后，中国生鲜乳的生产价格将达到692.71美元/吨，而澳大利亚生鲜乳的生产价格将为每吨434.09美元，巨大的价格差距将导致未来规模化牧场的生存和发展面临严峻挑战。

（5）对比两种模型的测算结果可知，GTAP的模拟结果（28 480万美元）接近于引力模型中中澳乳制品进口关税削减到50%时得到的结果（20 753.28万美元）。这说明在构建引力模型的时候，由于没有考虑到除了关税之外的其他"排斥力"因素（虽然考虑到两国首都之间的距离对中国乳品进口额的排斥作用，但是该变量在统计上不显著），导致关税成为中国从澳大利亚乳品进口额唯一也是最有力的影响因素，使引力模型得到变量的系数有所偏差。因此，在以后引力模型的构建上可以考虑加入更多的"排斥力"因素，如出口补贴、生产者支持综合量等。

中国乳制品的国际贸易问题是一个范围广泛且内容丰富的研究领域，由于研究时间及个人能力的限制，本书重点对乳制品进口贸易展开了研究，这其中当然还存在不少需要在今后的研究中来研究和完善的地方，就目前自己

所认知的主要包括以下几个方面:

(1) 在研究"影响中国乳制品进口贸易的非关税措施"时,作者阐述并分析了来自乳制品来源国的国内生产者支持对于其乳制品出口竞争力的影响,由于尚未采集到 2000~2011 年各乳制品来源国这方面的数据,所以无法得到该影响因素在引力模型中的相应作用方向和作用力,所以还需要做详细的国家数据的搜集与分析,以便进一步扩充影响中国乳制品进口贸易的主要因素,以期得到更加贴近现实情况的引力方程。

(2) 除了国内生产者的综合支持量,本书还应该考虑到出口补贴、技术性贸易壁垒(TBT)、卫生与植物检疫(SPS)措施等因素对中国乳制品进口贸易的影响。由于新西兰与澳大利亚都没有乳制品出口补贴,只有美国和欧盟国家在乳制品出口补贴较多,因此出口补贴因素将不会对澳大利亚和新西兰乳制品出口有太大影响。在技术性贸易壁垒(TBT)和卫生与植物检疫(SPS)措施上,一方面由于这类措施主要是以文件的形式发布并且形式多种多样,不好判断一项措施是属于 TBT 还是属于 SPS;另一方面,这两类贸易壁垒措施在使用模型时不好量化,因此还需要找到适合的方法把定性影响变量转化成定量数据进行分析处理。

(3) 本书对于全球贸易分析模型(GTAP 模型)的理论研究和应用分析方面还不够深入,仅针对性地研究了在政策方案下鲜奶商品和乳制品贸易的变化情况,没有考虑与乳制品有一定替代关系的肉类产品以及其他农产品(如谷物、棉花、羊毛、糖等),在今后的进一步研究中,可以在 GTAP 模型商品部门的选择分类上进一步拓宽思路。

(4) 根据引力模型以及全球贸易分析模型的含义及适用领域,两者在分析同一个问题的方法论上具有一定的互补性,但是把两种分析方法的结果进行比较的必要性和可比性还有待于进一步考察。虽然本书列出了两种方法在中国乳制品进口贸易中的测度方法,但从目前研究现状来看,其中的一些细节尚处于探索阶段,且由于缺乏相应的真实数据,本书无法对这两种方法予以充分地测算,这也是需要下一步深入研究的内容。

附　录

附表1　　　2003～2011年中国奶牛规模化养殖情况　　　　　　单位：户，头

年份	存栏数	1~5	6~20	21~100	101~200	201~500	501~1 000	1 000头以上	合计
2003	户数	1 510 930	224 373	35 036	2 292	895	344	136	1 774 006
	存栏数	4 099 695	2 282 131	1 308 064	321 465	287 831	248 540	239 893	8 787 619
2004	户数	—	286 973	39 592	2 821	959	346	180	330 871
	存栏数	—	3 045 949	1 541 994	382 806	311 593	239 417	299 462	5 821 221
2005	户数	—	302 494	46 396	2 997	1 253	448	188	353 776
	存栏数	—	3 372 545	2 098 153	412 404	398 375	307 285	295 804	6 884 566
2006	户数	—	333 944	52 491	3 656	1 616	520	248	392 475
	存栏数	—	3 978 623	2 200 496	532 880	521 415	359 699	425 430	8 018 543
2007	户数	2 159 701	444 895	56 254	4 421	2 336	768	339	2 668 714
	存栏数	5 942 220	4 160 598	2 409 223	634 835	696 967	526 927	586 749	14 957 519
2008	户数	1 970 755	542 102	65 646	4 425	2 679	1 026	454	2 587 087
	存栏数	4 966 506	4 829 121	2 529 327	618 186	835 462	690 573	849 137	15 318 312
2009	户数	1 796 061	506 449	62 840	4 324	3 341	1 773	706	2 375 494
	存栏数	4 415 783	4 605 789	2 476 409	622 298	1 070 472	1 214 833	1 306 105	15 711 689
2010	户数	1 750 900	483 900	64 200	4 604	3 579	2 061	898	2 310 200
	存栏数	4 339 500	4 451 100	2 606 100	675 000	1 164 800	1 475 400	1 716 100	16 427 900
2011	户数	1 653 200	454 200	76 100	5 236	3 930	2 075	1 016	2 195 700
	存栏数	4 199 100	4 315 400	3 165 000	779 600	1 320 900	1 520 900	2 100 500	17 401 500

注：—表示数据不详。2008年以前以存栏5头以上作为奶牛规模化标准，现已调整为存栏20头以上，下一步拟调整为年存栏100头以上。

资料来源：《中国奶业年鉴》（2004~2013年），2012中国奶业统计资料，全国畜牧总站。

附表2　　　　　中国奶牛头数、平均单产、奶类产量及牛奶产量

单位：万头、千克、万吨

年份	乳牛头数	平均单产	奶类产量	其中：牛奶产量
2000	489	2 605	919	827. 40
2001	566	2 786	1 123	1 025. 50
2002	688	2 909	1 400	1 299. 80
2003	893	3 008	1 849	1 746. 28
2004	1 108	3 437	2 368	2 260. 61
2005	1 216	3 891	2 865	2 753. 37
2006	1 069	3 903	3 302	3 245. 04
2007	1 219	4 140	3 633	3 525. 24
2008	1 233	4 575	3 781	3 555. 82
2009	1 260	4 800	3 678	3 520. 88
2010	1 420	4 760	3 748	3 570. 00
2011	1 440	5 400	3 825	3 657. 80
2012	1 450	5 500	3 868	3 743. 60
2013	1 451	5 600	3 575	3 531. 40
2014	1 470	5 700	3 880	3 725. 00
2015	1 594	6 000	3 905	3 754. 70

数据来源：中国奶业年鉴（2002～2014 年）、2015 中国奶业统计资料。

附表3　　　　　　　2000～2012 年中国乳制品产量　　　　单位：万吨，%

年份	乳制品	液态奶		干乳制品	
	产量	产量	比例	产量	比例
2000	217. 00	134. 10	61. 80	82. 90	38. 20
2001	320. 40	246. 10	76. 81	74. 30	23. 19
2002	448. 45	355. 10	79. 18	93. 35	20. 82
2003	723. 46	582. 87	80. 57	140. 59	19. 43
2004	949. 18	806. 74	84. 99	142. 44	15. 01
2005	1 310. 42	1 145. 79	87. 44	164. 63	12. 56
2006	1 459. 57	1 244. 04	85. 23	215. 53	14. 77
2007	1 787. 44	1 441. 02	80. 62	346. 42	19. 38
2008	1 810. 56	1 525. 23	84. 24	285. 33	15. 76
2009	1 935. 12	1 641. 65	84. 83	293. 47	15. 17

续表

年份	乳制品	液态奶		干乳制品	
	产量	产量	比例	产量	比例
2010	2 159.60	1 845.80	85.47	313.80	14.53
2011	2 387.49	2 060.79	86.32	326.70	13.68
2012	2 545.12	2 146.50	84.34	398.62	15.66
2013	2 698.03	2 335.97	86.58	362.06	13.42
2014	2 651.82	2 400.12	90.51	251.70	9.49
2015	2 782.50	2 521.00	90.60	261.50	9.39
2016	2 993.20	2 766.30	92.42	226.90	7.58

数据来源：中国奶业年鉴（2002～2014年），FAO，CLAL。

附表4　　　2000～2012年中国城镇居民家庭平均每人全年消费支出

单位：元/人、%

年份	乳制品消费支出	食品消费支出	现金消费支出	乳品支出占食品支出比	乳品支出占现金支出比
2000	68.57	1 958.31	4 998.00	3.50	1.37
2001	80.06	2 014.02	5 309.01	3.98	1.51
2002	104.77	2 271.89	6 029.88	4.61	1.74
2003	124.70	2 416.92	6 510.94	5.16	1.92
2004	132.37	2 709.60	7 182.10	4.89	1.84
2005	138.62	2 914.39	7 942.88	4.76	1.75
2006	150.23	3 111.92	8 696.55	4.83	1.73
2007	160.72	3 628.03	9 997.47	4.43	1.61
2008	189.84	4 259.79	11 242.80	4.46	1.69
2009	196.14	4 478.54	12 264.55	4.38	1.60
2010	198.47	4 804.71	13 471.45	4.13	1.47
2011	234.01	5 506.33	15 160.89	4.25	1.54
2012	253.57	6 040.85	16 674.30	4.20	1.52

注：消费性支出并非指生活消费支出。

资料来源：《中国奶业年鉴》（2002～2013年）、2012中国奶业统计资料。

附表 5　　　　　2006～2012 年全国各月牛奶收购价格及玉米、

豆粕、小麦麸皮收购价格　　　　　单位：元/千克

年月	玉米	豆粕	小麦麸皮	牛奶	年月	玉米	豆粕	小麦麸皮	牛奶
2006.01	1.26	2.73	1.24	1.94	2009.05	1.60	3.54	1.50	2.37
2006.02	1.27	2.75	1.24	1.96	2009.06	1.65	3.65	1.53	2.32
2006.03	1.28	2.69	1.23	1.95	2009.07	1.73	3.66	1.58	2.32
2006.04	1.28	2.60	1.21	1.96	2009.08	1.79	3.69	1.62	2.31
2006.05	1.34	2.56	1.21	1.91	2009.09	1.85	3.72	1.62	2.36
2006.06	1.39	2.54	1.20	1.93	2009.10	1.81	3.75	1.61	2.43
2006.07	1.42	2.50	1.21	1.91	2009.11	1.82	3.82	1.63	2.52
2006.08	1.43	2.49	1.25	1.90	2009.12	1.87	3.90	1.68	2.60
2006.09	1.42	2.50	1.22	1.90	2010.01	1.89	3.85	1.70	2.68
2006.10	1.38	2.53	1.21	1.89	2010.02	1.90	3.73	1.71	2.73
2006.11	1.40	2.56	1.21	1.93	2010.03	1.92	3.61	1.72	2.74
2006.12	1.48	2.63	1.25	1.92	2010.04	1.98	3.51	1.73	2.79
2007.01	1.50	2.61	1.26	1.93	2010.05	2.03	3.47	1.73	2.82
2007.02	1.51	2.64	1.25	1.95	2010.06	2.09	3.35	1.71	2.86
2007.03	1.54	2.73	1.27	1.95	2010.07	2.10	3.32	1.68	2.89
2007.04	1.54	2.68	1.26	1.99	2010.08	2.11	3.45	1.69	2.93
2007.05	1.55	2.66	1.23	1.98	2010.09	2.11	3.50	1.68	2.98
2007.06	1.63	2.67	1.29	1.93	2010.10	2.07	3.64	1.67	3.02
2007.07	1.65	2.73	1.25	1.94	2010.11	2.10	3.75	1.69	3.07
2007.08	1.66	2.83	1.25	1.96	2010.12	2.12	3.69	1.69	3.13
2007.09	1.67	3.15	1.26	2.02	2011.01	2.11	3.68	1.69	3.18
2007.10	1.66	3.33	1.30	2.16	2011.02	2.13	3.71	1.69	3.20
2007.11	1.69	3.65	1.37	2.28	2011.03	2.16	3.66	1.70	3.20
2007.12	1.76	3.83	1.40	2.50	2011.04	2.19	3.59	1.68	3.20
2008.01	1.75	3.89	1.41	2.77	2011.05	2.22	3.53	1.66	3.19
2008.02	1.77	3.92	1.43	2.90	2011.06	2.28	3.53	1.66	3.20
2008.03	1.77	4.06	1.45	2.93	2011.07	2.35	3.57	1.70	3.19
2008.04	1.75	4.00	1.44	2.86	2011.08	2.39	3.60	1.75	3.18
2008.05	1.75	4.03	1.43	2.85	2011.09	2.45	3.62	1.77	3.20
2008.06	1.78	4.31	1.45	2.85	2011.10	2.45	3.57	1.80	3.22
2008.07	1.80	4.64	1.55	2.77	2011.11	2.39	3.51	1.83	3.23

续表

年月	玉米	豆粕	小麦麸皮	牛奶	年月	玉米	豆粕	小麦麸皮	牛奶
2008.08	1.79	4.42	1.59	2.76	2011.12	2.36	3.42	1.85	3.25
2008.09	1.77	4.32	1.58	2.76	2012.01	2.35	3.43	1.86	3.26
2008.10	1.73	4.02	1.55	2.69	2012.02	2.35	3.46	1.86	3.28
2008.11	1.66	3.78	1.52	2.69	2012.03	2.37	3.51	1.86	3.28
2008.12	1.60	3.61	1.49	2.68	2012.04	2.42	3.63	1.88	3.27
2009.01	1.55	3.82	1.49	2.62	2012.05	2.46	3.69	1.89	3.27
2009.02	1.54	3.77	1.49	2.57	2012.06	2.49	3.68	1.90	3.27
2009.03	1.56	3.54	1.49	2.49	2012.07	2.51	3.83	1.92	3.27
2009.04	1.58	3.58	1.49	2.43	2012.08	2.55	4.20	1.96	3.27

注：牛奶收购数据为农业部监测10个主产省生鲜乳的平均收购价格，2008年及以前年度数据为北京、天津、河北、内蒙古、山西、黑龙江6个主产区监测数据；2008年之后为河北、河南、山东、山西、黑龙江、辽宁、新疆、内蒙古、陕西、宁夏10个主产区监测数据。

资料来源：中国农业部监测数据。

附表6 　　　　　　　　中国液态奶分国别进口量值 　　　　　　　单位：吨

年份	新西兰	澳大利亚	进口总量
1995	523.45	3 189.92	8 690.77
1996	1 071.19	3 459.2	7 696.02
1997	536.06	7 716.17	10 315.35
1998	1 216.32	6 831.88	9 483.9
1999	2 157.03	10 340.84	17 336.6
2000	1 541.60	10 792.11	17 464.11
2001	873.46	7 574.42	12 455.78
2002	779.18	3 570.32	6 498.95
2003	938.42	2 021.79	3 345.86
2004	1 148.42	1 216.74	3 498.06
2005	1 840.02	1 130.33	4 279.07
2006	1 499.46	1 160.76	4 550.30
2007	2 284.15	771.34	4 859.05

年份	新西兰	澳大利亚	进口总量
2008	3 580.58	1 755.61	8 219.96
2009	6 181.66	1 776.19	14 305.25
2010	7 469.43	1 643.71	17 119.09
2011	17 838.72	4 808.65	43 085.89
2012	28 954.17	13 233.33	101 678.38

资料来源：《中国海关统计年鉴》（2000～2013 年）。

附表7　　　　　　　　　　　中国鲜奶分国别进口量值　　　　　　　　单位：吨

年份	新西兰	澳大利亚	进口总量
1995	453.18	2 654.04	7 440.08
1996	1 047.30	3 442.67	7 274.27
1997	488.89	7 703.95	10 083.42
1998	1 187.16	6 775.84	8 883.73
1999	2 123.06	10 305.62	14 941.87
2000	1 495.64	10 723.22	14 910.33
2001	795.24	7 480.25	9 599.44
2002	755.87	3 522.22	4 836.06
2003	843.60	1 981.78	3 023.79
2004	989.96	1 152.20	3 006.04
2005	1 798.24	1 038.78	3 781.89
2006	1 471.70	1 073.25	3 766.51
2007	2 247.69	593.93	4 127.59
2008	3 567.43	1 618.72	7 435.00
2009	5 576.18	1 630.65	12 779.41
2010	7 419.96	1 423.03	15 889.94
2011	17 235.77	4 549.23	40 539.83
2012	24 650.08	12 980.66	93 781.28

资料来源：《中国海关统计年鉴》（2000～2013 年）。

附表8　　　　　　　　　　中国酸奶分国别进口量值　　　　　　　　　单位：吨

年份	新西兰	澳大利亚	进口总量
1995	70.27	535.88	1 250.68
1996	23.89	16.53	421.75
1997	47.17	12.22	231.93
1998	29.16	56.04	600.17
1999	33.97	35.22	2 394.73
2000	45.96	68.89	2 553.78
2001	78.22	94.17	2 856.34
2002	23.32	48.10	1 662.90
2003	94.81	40.01	322.07
2004	158.47	64.54	492.02
2005	41.78	91.55	497.18
2006	27.76	87.51	783.79
2007	36.47	177.42	731.46
2008	13.15	136.89	784.96
2009	605.48	145.54	1 525.84
2010	49.47	220.68	1 229.15
2011	602.95	259.41	2 546.06
2012	4 304.09	252.67	7 897.10

资料来源：《中国海关统计年鉴》（2000～2013年）。

附表9　　　　　　　　　　中国干乳制品分国别进口量值　　　　　　　　单位：吨

年份	新西兰	澳大利亚	进口总量
1995	5 550.11	3 604.66	63 496.26
1996	6 549.55	7 964.93	69 835.05
1997	14 085.47	11 440.48	103 249.74
1998	19 084.2	12 034.63	101 547.33
1999	47 455.94	13 909.38	146 084.85
2000	54 678.15	17 886.93	201 374.59
2001	46 002.88	25 183.98	183 115.55
2002	77 180.51	50 643.70	257 327.69
2003	105 293.26	41 945.24	311 697.83

年份	新西兰	澳大利亚	进口总量
2004	121 755. 87	37 288. 55	343 685. 39
2005	96 482. 79	28 277. 95	315 755. 69
2006	122 050. 14	26 620. 69	343 275. 89
2007	92 622. 98	25 055. 61	293 721. 69
2008	74 858. 83	37 723. 27	342 471. 18
2009	241 181. 02	33 788. 28	582 694. 00
2010	373 280. 57	38 399. 60	728 174. 45
2011	416 416. 67	35 391. 13	862 977. 63
2012	561 235. 56	33 248. 19	1 043 899. 85

资料来源：《中国海关统计年鉴》（2000～2013 年）。

附表 10　　　　　　　　　　**中国奶粉分国别进口量值**　　　　　　　单位：吨

年份	新西兰	澳大利亚	进口总量
1995	3 339. 80	1 117. 40	24 726. 18
1996	4 909. 76	1 640. 19	19 306. 63
1997	11 785. 70	2 934. 45	27 908. 92
1998	15 644. 93	4 335. 24	31 052. 63
1999	42 211. 63	4 426. 16	56 616. 23
2000	49 546. 53	7 648. 81	72 768. 96
2001	40 143. 38	12 314. 10	58 506. 21
2002	70 086. 93	34 046. 45	110 798. 51
2003	93 206. 32	19 338. 41	133 689. 13
2004	108 631. 36	15 541. 55	144 930. 69
2005	82 299. 87	12 159. 54	106 874. 86
2006	104 114. 00	11 201. 55	134 917. 41
2007	71 499. 47	12 462. 85	98 195. 81
2008	50 593. 56	24 529. 83	101 026. 63
2009	203 910. 44	18 052. 05	246 787. 44
2010	336 489. 02	24 760. 62	414 039. 80
2011	367 040. 75	21 368. 86	449 541. 86
2012	495 280. 93	16 497. 25	572 875. 19

资料来源：《中国海关统计年鉴》（2000～2013 年）。

附表 11 中国奶油分国别进口量值 单位：吨

年份	新西兰	澳大利亚	进口总量
1995	283.12	383.61	1 180.69
1996	373.18	83.51	780.48
1997	142.00	102.18	353.71
1998	269.39	125.05	484.89
1999	1 251.93	678.88	3 275.12
2000	2 744.49	86.05	3 088.29
2001	1 202.47	166.19	1 452.45
2002	4 581.85	509.50	5 154.84
2003	8 444.78	1 345.60	11 228.17
2004	8 107.33	1 006.97	12 379.40
2005	7 604.16	1 025.90	12 834.90
2006	10 568.89	655.40	12 831.62
2007	10 529.85	1 788.54	13 983.79
2008	10 917.88	1 023.81	13 553.40
2009	24 398.18	2 135.37	28 443.69
2010	19 500.49	1 779.38	23 448.93
2011	31 282.04	1 827.35	35 675.52
2012	43 155.45	2 265.14	48 325.94

资料来源：《中国海关统计年鉴》（2000~2013 年）。

附表 12 中国乳清制品分国别进口量值 单位：吨

年份	新西兰	澳大利亚	进口总量
1995	1 600.38	1 654.80	34 605.76
1996	1 123.42	5 926.28	48 488.16
1997	1 930.79	8 364.14	74 466.41
1998	2 846.94	7 387.45	69 317.83
1999	2 524.10	8 390.97	83 228.10
2000	1 157.96	9 312.29	122 902.94
2001	2 675.79	12 139.70	119 780.45
2002	761.15	15 000.56	137 954.10
2003	432.50	19 798.22	161 205.26

年份	新西兰	澳大利亚	进口总量
2004	1 063.18	17 988.47	178 011.21
2005	2 845.28	12 724.00	187 642.89
2006	2 619.94	11 266.27	184 557.00
2007	4 786.71	6 309.49	167 427.01
2008	6 752.63	8 609.59	213 134.32
2009	3 728.44	8 932.47	288 753.81
2010	5 140.42	6 390.49	264 499.03
2011	4 900.65	5 535.97	344 244.02
2012	5 741.13	6 191.80	378 378.65

资料来源:《中国海关统计年鉴》(2000~2013年)。

附表13　　　　　　　　　　　中国炼乳分国别进口量值　　　　　　　单位:吨

年份	新西兰	澳大利亚	进口总量
1995	269.63	58.79	1 124.64
1996	70.70	202.49	914.59
1997	84.00	18.37	285.23
1998	57.00	55.23	232.37
1999	937.02	110.46	1 783.60
2000	318.47	171.05	646.53
2001	640.92	208.64	1 346.94
2002	214.59	471.80	887.72
2003	543.60	79.43	961.52
2004	475.85	106.64	1 119.99
2005	278.22	56.47	1 225.34
2006	695.96	34.31	1 077.87
2007	382.07	77.23	925.06
2008	361.87	128.28	852.49
2009	409.37	179.46	1 732.28
2010	287.35	299.51	3 266.03
2011	51.41	628.60	4 913.49
2012	53.34	235.48	5 514.50

资料来源:《中国海关统计年鉴》(2000~2013年)。

附表14　　　　　　　　中国干酪分国别进口量值　　　　　单位：吨

年份	新西兰	澳大利亚	进口总量
1995	57. 18	390. 06	1 858. 99
1996	72. 49	112. 46	345. 19
1997	142. 98	21. 34	235. 47
1998	265. 94	131. 66	459. 61
1999	531. 26	302. 91	1 181. 80
2000	910. 71	668. 73	1 967. 87
2001	1 340. 32	355. 35	2 029. 50
2002	1 535. 99	615. 39	2 532. 52
2003	2 666. 06	1 383. 58	4 613. 75
2004	3 478. 15	2 644. 92	7 244. 11
2005	3 455. 26	2 312. 03	7 177. 70
2006	4 051. 34	3 463. 15	9 892. 00
2007	5 424. 87	4 417. 50	13 190. 02
2008	6 232. 89	3 431. 77	13 904. 35
2009	8 734. 60	4 488. 92	16 976. 78
2010	11 863. 30	5 169. 62	22 920. 66
2011	13 141. 82	6 030. 34	28 602. 74
2012	17 004. 71	8 058. 52	38 805. 57

资料来源：《中国海关统计年鉴》（2000～2013年）。

附表15　　　　1995～2011年中国奶粉分国别进口数量　　　单位：吨

年份	澳大利亚	新西兰	美国	法国	进口总量
1995	1 117. 40	3 339. 80	3 687. 80	1 619. 56	24 726. 18
1996	1 640. 19	4 909. 76	4 178. 85	155. 15	19 306. 63
1997	2 934. 45	11 785. 70	4 089. 17	564. 25	27 908. 92
1998	4 335. 24	15 644. 93	2 958. 35	301. 32	31 052. 63
1999	4 426. 16	42 211. 63	1 817. 98	866. 72	56 616. 23
2000	7 648. 81	49 546. 53	954. 48	2 539. 68	72 768. 96
2001	12 314. 10	40 143. 38	2 408. 86	745. 15	58 506. 21
2002	34 046. 45	70 086. 93	1 342. 17	1 738. 70	110 798. 51
2003	19 338. 41	93 206. 32	2 634. 66	3 308. 35	133 689. 13

年份	澳大利亚	新西兰	美国	法国	进口总量
2004	15 541. 55	108 631. 36	4 696. 70	1 316. 37	144 930. 69
2005	12 159. 54	82 299. 87	5 932. 78	456. 58	106 874. 86
2006	11 201. 55	104 114. 00	13 889. 91	647. 82	134 917. 41
2007	12 462. 85	71 499. 47	6 543. 40	1 817. 30	98 195. 81
2008	24 529. 83	50 593. 56	16 486. 73	3 351. 45	101 026. 63
2009	18 052. 05	203 910. 44	6 062. 99	6 974. 46	246 787. 44
2010	24 760. 62	336 489. 02	14 487. 11	5 171. 81	414 039. 8
2011	21 368. 86	367 040. 75	21 427. 68	7 342. 28	449 541. 86
2012	16 497. 25	495 280. 93	18 602. 10	11 139. 39	572 875. 19

资料来源:《中国奶业年鉴》(2000～2013 年)、2012 中国奶业统计资料。

附表16　　　　　　　　　　中国乳制品出口平均价格　　　　　　　　单位：美元/吨

产品年份	鲜奶	酸奶	奶粉	乳清	炼乳	奶油	奶酪
2006	617. 50	769. 31	2 563. 52	907. 71	1 077. 61	1 416. 79	3 011. 13
2007	647. 40	1 094. 27	2 803. 31	968. 94	1 229. 00	2 251. 26	3 198. 81
2008	783. 77	1 597. 76	3 711. 60	1 139. 48	1 453. 99	3 453. 44	—
2009	666. 12	1 363. 42	3 169. 15	1 071. 92	1 546. 91	2 449. 13	4 160. 72
2010	711. 22	973. 90	3 175. 05	1 796. 81	1 714. 17	3 199. 59	4 820. 20
2011	818. 85	930. 57	3 978. 62	1 269. 30	1 914. 67	3 551. 31	5 223. 52
2012	847. 83	945. 02	4 105. 74	2 039. 40	1 934. 01	3 120. 40	5 642. 58

资料来源:《中国奶业年鉴》(2000～2013 年)。

附表17　　　　　　　1995～2016 年中国乳制品进口产品结构　　　　　　　单位：%

年份	鲜奶	奶粉	黄油	奶酪	乳清粉
1995	12. 04	34. 25	1. 64	2. 58	47. 94
1996	9. 93	24. 90	1. 01	0. 45	62. 54
1997	9. 08	24. 58	0. 31	0. 21	65. 57
1998	8. 54	27. 97	0. 44	0. 41	62. 43
1999	10. 61	34. 64	2. 00	0. 72	50. 93
2000	7. 98	33. 25	1. 41	0. 90	56. 16

续表

年份	鲜奶	奶粉	黄油	奶酪	乳清粉
2001	6.37	29.92	0.74	1.04	61.25
2002	2.46	42.00	1.95	0.96	52.29
2003	1.06	42.44	3.56	1.46	51.17
2004	1.01	41.74	3.57	2.09	51.27
2005	1.34	33.39	4.01	2.24	58.63
2006	1.31	38.79	3.69	2.84	53.06
2007	1.63	32.89	4.68	4.42	56.07
2008	2.34	28.81	3.86	3.96	60.78
2009	2.40	41.34	4.76	2.84	48.37
2010	2.30	55.55	3.15	3.08	35.49
2011	3.31	49.62	3.94	3.16	38.00
2012	6.61	47.31	3.99	3.20	31.25
2013	9.63	51.11	3.11	2.81	25.97
2014	15.23	49.04	4.25	3.50	21.44
2015	23.48	31.95	4.15	4.44	25.47
2016	28.07	30.89	4.19	4.96	25.41

数据来源：中国奶业年鉴，UN Comtrade。

附表18 **1991~2015年乳制品主要生产国生鲜乳收购价格** 单位：美元/吨

年份	中国	新西兰	澳大利亚	美国	欧盟
1991	147.1	113.1	215.0	272.0	321.1
1992	143.3	145.0	207.1	292.0	337.5
1993	143.2	160.0	208.1	285.0	309.1
1994	131.5	159.5	215.0	290.0	330.8
1995	143.3	185.1	212.0	285.0	350.1
1996	193.5	222.7	249.6	325.0	347.1
1997	238.7	195.7	223.4	295.0	308.4
1998	162.0	148.3	181.6	342.0	316.2
1999	239.1	153.5	178.1	317.0	293.9
2000	293.7	140.4	147.3	273.0	263.8
2001	230.3	172.4	145.9	331.0	271.5

年份	中国	新西兰	澳大利亚	美国	欧盟
2002	290. 9	200. 7	173. 9	269. 0	283. 7
2003	307. 2	174. 8	170. 6	277. 0	333. 9
2004	541. 3	232. 4	199. 6	356. 0	372. 2
2005	566. 3	267. 7	233. 7	335. 0	375. 5
2006	559. 4	220. 8	241. 8	286. 0	374. 6
2007	704. 8	277. 5	270. 0	424. 0	451. 8
2008	364. 1	444. 9	404. 3	407. 0	537. 4
2009	380. 7	269. 6	327. 8	285. 0	410. 4
2010	457. 9	376. 3	368. 3	360. 0	433. 1
2011	493. 7	511. 9	432. 2	446. 0	505. 0
2012	606. 7	426. 2	422. 4	409. 0	460. 9
2013	550. 4	413. 3	375. 5	443. 0	511. 5
2014	—	577. 4	338. 9	531. 0	520. 5
2015	—	266. 4	281. 0	379. 0	354. 8

数据来源：FAOSTAT 数据库，详见 http：//faostat. fao. org/。

附表 19　　　　　　　　　　中国从澳大利亚进口羊毛数量　　　　　　单位：万吨，%

年度	原羊毛[1]	澳总出口量	占澳出口总量比
2003～04	21. 1	56. 73	37. 19
2004～05	26. 7	61. 31	43. 55
2005～06	32. 5	59. 89	54. 27
2006～07	38. 4	61. 88	62. 06
2007～08	30. 9	51. 94	59. 49
2008～09	32. 3	47. 51	67. 99
2009～10	33. 1	42. 80	77. 34
2010～11	32. 5	44. 40	73. 20
2011～12	30. 6	40. 50	75. 56
2012～13	34. 2	43. 70	78. 26
2013～14	32. 4	42. 80	75. 70
2014～15	35. 2	45. 90	76. 69
2015～16	31. 6	41. 70	75. 78

数据来源：Agricultural commodity statistics 2016。
注：1 指含脂原羊毛，包括皮、皮革。以上数据不包括香港和中国台湾。

附表 20 主要国家原羊毛生产者价格 单位：USD/吨

年份	澳大利亚	中国	新西兰	俄罗斯联邦
1991	3 185.2	1 438.4	1 824.0	–
1992	2 474.9	1 356.6	1 759.6	4 978.2
1993	2 029.8	1 508.5	1 766.0	1 220.2
1994	2 155.4	1 230.3	1 852.3	574.2
1995	3 356.5	1 366.8	2 722.0	1 047.8
1996	2 904.1	1 186.6	2 553.5	776.4
1997	2 660.0	1 117.6	2 203.1	747.8
1998	2 509.1	961.7	1 806.5	532.7
1999	2 005.9	1 258.0	1 608.8	684.3
2000	1 793.8	1 195.1	1 498.8	864.1
2001	2 037.3	1 059.0	1 653.0	974.3
2002	2 510.1	1 074.1	1 782.0	920.9
2003	3 904.2	1 058.0	2 404.0	996.8
2004	3 616.6	1 074.3	2 334.0	1 104.6
2005	3 368.6	1 102.8	2 142.0	865.5
2006	2 975.7	1 181.8	1 781.6	898.4
2007	3 808.7	1 340.0	2 053.0	949.1
2008	4 221.7	6 994.2	1 991.2	1 245.5
2009	3 409.5	7 130.3	1 829.1	950.1
2010	4 184.7	7 311.4	2 274.0	970.9
2011	5 993.0	7 598.9	3 712.2	1 741.5
2012	6 891.7	7 715.1	4 036.3	2 019.9
2013	5 482.5	8 392.8	3 069.5	1 955.9
2014	5 451.8	–	3 577.1	1 663.3
2015	4 603.0	–	3 090.0	1 144.7

数据来源：FAO 网站。

注：中国指大陆地区，不包括香港和台湾。"–"表示缺失值。

附表 21　　2015～2017 中国从澳大利亚进口乳制品关税税率减让情况　　单位：%

海关税号	名称及描述	基础税率	2015	2016	2017
0401	鲜奶				
0401100000	脂肪含量≤1% 未浓缩的乳及奶油	15	13.5	12	10.5
0401200000	1% ＜脂肪含量≤6% 未浓缩的乳及奶油	15	13.5	12	10.5
0401400000	6% ＜脂肪含量≤10% 未浓缩的乳及奶油	15	13.5	12	10.5
0401500000	脂肪含量＞10% 未浓缩的乳及奶油	15	13.5	12	10.5
0402	奶粉				
0402100000	脂肪含量≤1.5% 固状乳及奶油	10	9.2	8.3	7.5
0402210000	脂肪含量＞1.5% 未加糖固状乳及奶油	10	9.2	8.3	7.5
0402290000	脂肪含量＞1.5% 加糖固状乳及奶油	10	9.2	8.3	7.5
0402	炼乳				
0402910000	浓缩但未加糖的非固状乳及奶油	10	9.2	8.3	7.5
0402990000	浓缩并已加糖的非固状乳及奶油	10	9.2	8.3	7.5
0403	酸奶				
0403100000	酸乳	10	9	8	7
0403900000	酪乳及其他发酵或酸化乳及奶油	20	18	16	14
0404	乳清				
0404100000	乳清及改性乳清	6	4.3	3.6	2.4
0404900000	其他编号未列名的含天然乳的产品	20	18	16	14
0405	奶油				
0405100000	黄油	10	9	8	7
0405200000	乳酱	10	8	6	4
0405900000	其他从乳中提取的脂和油	10	9	8	7
0406	奶酪				
0406100000	鲜乳酪（未熟化或未固化的）	12	10.8	9.6	8.4
0406200000	各种磨碎或粉化的乳酪	12	10.8	9.6	8.4
0406300000	经加工的乳酪（但磨碎或粉化的除外）	12	10.8	9.6	8.4
0406400000	蓝纹乳酪和娄地青霉生产的其他乳酪	15	12	9	6
0406900000	其他乳酪	12	10.8	9.6	8.4
	婴幼儿配方奶粉	15	12	9	6
平均税率		12.45	11.02	9.61	8.20

数据来源：中国海关商品信息查询 http：//www. customs. gov. cn/publish/portal0/tab9409/。

附表 22   **2008~2011 年中国进口新西兰乳制品关税税率**

编码	描述	基础税率	2008	2009	2010	2011
04011000	脂肪含量未超 1% 未浓缩及未加糖的乳及奶油	15	12	9	6	3
04012000	未浓缩及未加糖的乳及奶油，脂肪含量 >1%但≤6%	15	13.5	12	10.5	9
04013000	脂肪含量 >6% 未浓缩及未加糖的乳及奶油	15	13.5	12	10.5	9
04021000	脂肪含量≤1.5% 固状乳及奶油	10	9.2	8.3	7.5	6.7
04022100	脂肪含量 >1.5% 未加糖固状乳及奶油	10	9.2	8.3	7.5	6.7
04022900	脂肪含量 >1.5% 的加糖固状乳及奶油	10	9.2	8.3	7.5	6.7
04029100	浓缩但未加糖的非固状乳及奶油	10	9.2	8.3	7.5	6.7
04029900	浓缩并已加糖的非固状乳及奶油	10	8	6	4	2
04031000	酸乳	10	8	6	4	2
04039000	酪乳及其他发酵或酸化的乳及奶油	20	16	12	8	4
04041000	乳清及改性乳清	6	4.8	3.6	2.4	1.2
04049000	其他编号未列名的含天然乳的产品	20	16	12	8	4
04051000	黄油	10	9	8	7	6
04052000	乳酱	10	8	6	4	2
04059000	其他从乳中提取的脂和油	10	9	8	7	6
04061000	鲜乳酪（未熟化或未固化的）	12	10.8	9.6	8.4	7.2
04062000	各种磨碎或粉化的乳酪	12	9.6	7.2	4.8	2.4
04063000	经加工的乳酪，但磨碎或粉化的除外	12	10.8	9.6	8.4	7.2
04064000	蓝纹乳酪和娄地青霉生产的带有纹理的其他乳酪	15	12	9	6	3
04069000	其他乳酪	12	10.8	9.6	8.4	7.2
平均税率	乳制品	12.2	10.43	8.64	6.87	5.1

资料来源：《中方关于新方原产货物的关税减让表》。

附表 23　　　　　　目前中国乳制品进口关税税率（最惠国待遇）

海关税号	名称及描述	税率
0401	鲜奶	
0401100000	脂肪含量≤1%未浓缩的乳及奶油（脂肪含量按重量计，不加糖和其他甜物质）	0.15
0401200000	1%＜脂肪含量≤6%未浓缩的乳及奶油（脂肪含量按重量计，不加糖和其他甜物质）	0.15
0401400000	6%＜脂肪含量≤10%未浓缩的乳及奶油（脂肪含量按重量计，不加糖和其他甜物质）	0.15
0401500000	脂肪含量＞10%未浓缩的乳及奶油（脂肪含量按重量计，不加糖和其他甜物质）	0.15
0402	奶粉	
0402100000	脂肪含量≤1.5%固状乳及奶油（指粉、粒状或其他固状，浓缩，加糖或其他甜物质）	0.10
0402210000	脂肪含量＞1.5%未加糖固状乳及奶油（指粉、粒状或其他固状，浓缩，未加糖或其他甜物质）	0.10
0402290000	脂肪含量＞1.5%加糖固状乳及奶油（指粉、粒状或其他固状，浓缩，加糖或其他甜物质）	0.10
0402910000	浓缩但未加糖的非固状乳及奶油（未加其他甜物质）	0.10
0402990000	浓缩并已加糖的非固状乳及奶油（加其他甜物质）	0.10
0403	酸奶	
0403100000	酸乳	0.10
0403900000	酪乳及其他发酵或酸化乳及奶油（不论是否浓缩、加糖或其他甜物质、香料、水果）	0.20
0404	乳清制品	
0404100000	乳清及改性乳清（不论是否浓缩、加糖或其他甜物质）	0.02
0404900000	其他编号未列名的含天然乳的产品（不论是否浓缩、加糖或其他甜物质）	0.20
0405	奶油	
0405100000	黄油	0.10
0405200000	乳酱	0.10
0405900000	其他从乳中提取的脂和油	0.10
0406	干酪	
0406100000	鲜乳酪（未熟化或未固化的）（包括乳清乳酪；凝乳）	0.12

续表

海关税号	名称及描述	税率
0406200000	各种磨碎或粉化的乳酪	0.12
0406300000	经加工的乳酪（但磨碎或粉化的除外）	0.12
0406400000	蓝纹乳酪和娄地青霉生产的带有纹理的其他乳酪	0.15
0406900000	其他乳酪	0.12
平均税率	乳制品	0.1214

资料来源：中国海关商品信息查询 http：//www. customs. gov. cn/publish/portal0/tab9409/。

参 考 文 献

[1] 高颖，田维明．基于引力模型的中国大豆贸易影响因素分析 [J]．农业技术经济，2008 (1)：27 - 33.

[2] 董桂才．引力模型在我国农产品出口市场多元化中的应用研究 [J]．国际商务—对外经济贸易大学学报，2009 (3)：16 - 20.

[3] 李慧燕，魏秀芬．中澳自由贸易区的建立对中国乳品进口贸易的影响研究 [J]．国际贸易问题，2011 (11)：77 - 83.

[4] 杨军，黄季焜，仇焕广．建立中国和澳大利亚自由贸易区的经济影响分析及政策建议 [J]．国际贸易问题，2005 (11)：65 - 70.

[5] 彭秀芬．中国 - 新西兰自由贸易区建设对我国乳业发展的影响 [J]．国际贸易问题，2009 (1)：54 - 60.

[6] 张海森，杨军．自由贸易区对我国棉花产业的总体影响——基于 GTAP 的一般均衡分析 [J]．农业经济问题，2008 (10)：73 - 78.

[7] Wen Yu, Guangyan Cheng, Jun Yang. Impact of Sino - Australia free trade Agreement's talks on China's dairy industry [J]. Agriculture and Agricultural Science Procedia, 2010 (1): 469 - 476.

[8] 周曙东，胡冰川，吴强，崔奇峰．中国—东盟自由贸易区的建立对区域农产品贸易的动态影响分析 [J]．管理世界，2006 (10)：14 - 21.

[9] 李碧芳，肖辉．中澳自由贸易区对中国农产品出口的影响分析 [J]．江苏农业科学，2010 (3)：5 - 7.

[10] Gottfried Haberler. Mr Keynes' Theory of the Multiplier, 1936, ZfN.

[11] Kemp. M. C. Wan. H. . An Elementary ProPosition Concerning the For-

mation of Customs Union ［J］. Joumal of International Economics, 1976 （6）: 95 –97.

［12］ Richard Baldwin. Big – Think Regionalism: A critical survey ［N］. NBER working paper No. 14056, June 2008.

［13］ Laëtitia Guilhot. Assessing the impact of the main East – Asian free trade agreements using a gravity model. First results ［J］. Economics Bulletin, 2010, 30 （1）: 282 –291.

［14］ Chang – Soo Lee, Don Moon. Impacts of Sequential Free Trade Agreements in East Asia: A CGE and Political Economy Analysis ［J］. Global Economic Review, 2010, 39 （4）: 365 –381.

［15］ Lin Sun, Michael R. Reed. Impacts of Free Trade Agreements on Agricultural Trade Creation and Tread Diversion. Agricultural Economic, 2010, 92 （5）: 1351 –1363.

［16］ Mai, Y. ; P. Adams; M. Fan; R. Li; and Z. Zheng. 2005. Modeling the Potential Benefits of an Australia – China Free Trade Agreement. Independent report to the Australia Department of Foreign Affairs and Trade and China Ministry of Commerce. Available at www. dfat. gov. au/geo/china/fta/modelling-benefits. doc. , 2005.

［17］ Yinhua MAI, Philip ADAMS, Modeling the Potential Benefits of an Australias – China Free Trade Agreement ［J］. Journal of translation from foreign literatures of economics, 2007 （3）: 1 –47.

［18］ Mahinda Siriwardana. The proposed Australia – China Free Trade Agreement: global and country – specific effects ［J］. Int. J. Trade and Global Markets, 2008, 1 （4）: 392 –408.

［19］ Mingtai Fan. Quantifying the Impact of Trade Liberalization——Applying Economic Models to Trade Policies ［J］. The Chinese Economy, 2010, 43 （3）: 68 –76.

［20］ Parikshit K. Basu, John Hicks, Richard B. Sappey. Chinese attitudes to trade agreements in the context of the proposed Australia – China free trade agreement ［J］. Economic Papers, 2005, 24（4）: 294 – 308.

［21］ Dawei Cheng. A Chinese Perspective on The China – Australia Free Tread Agreement and Policy Suggestions ［J］. Economic Papers, 2008, 27（1）: 30 – 40.

［22］ Jiang, Yang. Australia – China FTA: China's domestic politics and the roots of different national approaches to FTAs ［J］. Australian Journal of International Affairs, 2008, 62（2）.

［23］ Tingjun Peng, Thomas L. Cox. An economic analysis of the impacts of trade liberalization on Asian dairy market ［J］. Food Policy, 2006（31）: 249 – 259.

［24］ Qingbin Wang, Robert Parsons, Guangxuan Zhang. China's dairy markets: trends, disparities, and implications for trade ［J］. China Agricultural Economic Review, 2010, 2（3）: 356 – 371.

［25］ B. Blaskó. World Importance and Present Tendencies of Dairy Sector. Working Paper, 2011.

［26］ 周曙东, 吴强, 胡冰川, 崔奇峰. 中国——澳大利亚自由贸易区建设的经济影响分析 ［J］. 农业技术经济, 2006（6）: 19 – 23.

［27］ 周曙东, 胡冰川, 崔奇峰. 多哈回合农产品关税减让谈判与中国的谈判方案选择——基于 CGE 模型的视角 ［J］. 中国农村经济, 2006（9）: 4 – 12.

［28］ 何昱. 中澳自由贸易区对我国羊毛和纺织行业的影响分析 ［D］. 湖南大学, 2008.

［29］ 林海, 曹慧, 张海森. 中国澳大利亚自贸区谈判中的羊毛配额问题 ［J］. WTO 经济导刊, 2010（12）: 90 – 92.

［30］ 修文彦, 段东霞. 中、澳、新建立自由贸易区对内蒙古畜产品市

场的冲击 [J]. 内蒙古财经学院学报，2006 (5)：62 – 64.

[31] 秦向东，王海楠. 中澳自由贸易谈判中的竞争性和互补性分析 [J]. 国际贸易问题，2006 (7)：25 – 28.

[32] 于友伟，李玉举，陈晓文. 中澳两国经贸的非均衡性及拓展贸易空间的选择 [J]. 国际经济探索，2006，22 (3)：24 – 26.

[33] 张婧. 建立中国—澳大利亚自由贸易区的贸易效应分析 [D]. 首都经贸大学，2009.

[34] 蒋含明，李非. ECFA 对两岸经济的影响效果评估——基于 GTAP 模型的模拟分析 [J]. 国际贸易问题，2012 (8)：22 – 28.

[35] 何立春，杨莲娜. 构建中国 – 澳大利亚自由贸易区对双边农产品贸易的影响 [J]. 新疆农垦经济，2010 (2)：38 – 44.

[36] 王璠. 中澳 FTA 谈判进展问题分析：基于双方贸易总量和结构的解释 [J]. 世界经济与政治论坛，2010 (6)：69 – 78.

[37] 田维明，周章跃等. 中国饲料粮市场供给需求与贸易发展 [M]. 中国农业出版社，2007 年第二版.

[38] 席岩，田燕梅. 中澳自由贸易区谈判的主要分歧与促进策略 [J]. 对外经贸实务，2011 (3)：39 – 41.

[39] 舒慧娟. CMS 模型下中国农产品贸易格局分析 [N]. 东华大学，2007 年 5 月.

[40] 赵亮，穆月英. 东亚 "10 + 3" 国家农产品国际竞争力分解及比较研究：基于分类农产品的 CMS 模型 [J]. 国际贸易问题，2012 (4)：59 – 72.

[41] 肖良，张社梅. 引力模型在定量研究 SPS 措施对贸易影响中的应用 [J]. 世界农业，2005 (5)：43 – 46.

[42] 陈雯. 中国 – 东盟自由贸易区的贸易效应研究——基于引力模型 "单国模式" 的实证分析 [J]. 国际贸易问题，2009 (1)：61 – 66.

[43] 王丽萍. 中国纺织品进出口贸易引力模型研究 [J]. 中国经济问

题，2012（6）：56－64.

［44］李豫新，李婷．基于引力模型分析中国与中亚国家农产品贸易［J］．俄罗斯中亚东欧市场，2012（2）：27－34.

［45］刘李峰．中国－澳大利亚奶制品贸易的格局、特征及融合［J］．中国奶牛，2006（5）：53－58.

［46］刘李峰，刘合光．中国－澳大利亚农产品贸易现状及前景分析［J］．世界经济研究，2006（5）：45－50.

［47］刘鸿雁，刘小和．澳大利亚自由贸易区谈判策略研究——以奶制品为例［J］．中国奶牛，2007（2）：50－53.

［48］刘鸿雁．贸易自由化进程中的中国奶制品贸易研究［D］．中国农业科学院，2007.

［49］刘艺卓．基于恒定市场份额模型对我国乳品进口的分析［J］．国际商务——对外经济贸易大学学报，2009（4）：36－46.

［50］于海龙，李秉龙．我国乳制品的国际竞争力及影响因素分析［J］．国际贸易问题，2011（1）：14－24.

［51］帅传敏，程国强，张金隆．中国农产品国际竞争力的估计［J］．管理世界，2003（1）：22－28.

［52］张寒，聂影．中国林产品出口增长的动因分析：1997～2008［J］．中国农村经济，2010（1）：35－44.

［53］郝瑞玲．基于FTA视角的中澳羊毛贸易研究［N］．内蒙古农业大学，2010年5月.

［54］彭秀芬，孙芳．澳大利亚乳业生产潜力分析［J］．农业展望，2007（9）：24－26.

［55］吴佳勋，徐世勋．全球贸易分析模型（GTAP）资料库在农业境内支持议题之更新与应用［J］．农业经济专刊，2010，16（1）：109－148。

［56］郭丹丹，陶红军．GTAP模型在区域经济一体化效应分析中的应用［J］．湖南农业大学学报（社会科学版），2011，12（1）：67－72.56

[57] Ershad Ali. Impact of Free Trade Agreement on Economic Growth of Partner Countries: China and New Zealand [J]. International Business and Management, 2011, 2 (1): 113 – 121.

[58] Sun Yuhong, Mu Yifei, Jun Yang. An Analysis of Interaction Effects of China – South Korea and China – Australia FTAs and the Expanding TPP [J]. Naše gospodarstvo/Our Economy. 2016, 62 (4): 12 – 22.

[59] Paul Kiendl. Dairy: World Markets and Trade. December 16, 2016. https: //www. fas. usda. gov/data/dairy-world-markets-and-trade.

[60] Do Chinese dairy firms have market power? An estimation of market power with price heterogeneity [J]. China Agricultural Economic Review. 2016, 2 (2): 206 – 214.